萧山东蜀山墓地

杭州市文物考古研究所
杭州市萧山区文物局 编著
杭州市萧山区博物馆

崔太金 主编

文物出版社

图书在版编目（CIP）数据

萧山东蜀山墓地 / 杭州市文物考古研究所, 杭州市
萧山区文物局, 杭州市萧山区博物馆编著 ; 崔太金主编
. -- 北京：文物出版社, 2021.12
　　ISBN 978-7-5010-7176-0

　　Ⅰ. ①萧… Ⅱ. ①杭… ②杭… ③杭… ④崔… Ⅲ.
①墓群—考古—发掘报告—萧山区 Ⅳ. ①K878.85

　　中国版本图书馆CIP数据核字（2021）第155879号

萧山东蜀山墓地

编　　著：杭州市文物考古研究所
　　　　　杭州市萧山区文物局
　　　　　杭州市萧山区博物馆
主　　编：崔太金

责任编辑：王　媛
封面设计：程星涛
责任印制：张　丽

出版发行：文物出版社
社　　址：北京市东城区东直门内北小街2号楼
邮　　编：100007
网　　址：http://www.wenwu.com
经　　销：新华书店
印　　刷：河北鹏润印刷有限公司
开　　本：889mm×1194mm　1/16
印　　张：9.5
插　　页：1
版　　次：2021年12月第1版
印　　次：2021年12月第1次印刷
书　　号：ISBN 978-7-5010-7176-0
定　　价：220.00元

目　录

插图目录

第一章　概　况

第一节　地理环境

　　萧山区位于浙江省北部，钱塘江南岸，为杭州市属区，地处北纬 29°50′48″~30°23′33″，东经 120°04′21″~120°43′31″。东邻绍兴市柯桥区，南接诸暨市，西连杭州市富阳区，西北界杭州市滨江区，北濒钱塘江。全境东西宽约 63.05 千米，南北长约 60.5 千米，总面积 1417 平方千米。地势南高北低，自西南向东北倾斜，中部略呈低洼。南部是低山丘陵地区，间有小块河谷平原；中部和北部为平原，中部间有丘陵。位于北亚热带季风气候区南缘，冬夏长、春秋短，四季分明，光照充足，雨量充沛，温暖湿润。年平均气温 16.8℃，年平均降雨量 1440.5 毫米。[1]

　　萧山地处浙江南北要津，交通便捷。浙赣、杭甬铁路和沪杭甬、杭金衢、杭州绕城等高速公路、104 国道和 03 省道穿境而过。富春江、浦阳江在境内汇流入钱塘江，横贯东西的浙东运河沟通曹娥江，并与新杭甬运河、西小江在境内汇流入东海。杭州萧山国际机场建于本区东北部。

　　1935 年刊行的《萧山县志稿》卷二载："西河自苏家潭而南为塘河，一名南门江，南抵白露塘，北抵苏家潭。其东西二山：东曰东蜀山，西曰西蜀山。"东蜀山富含白云石矿。

　　萧山东蜀山墓地位于浙江省杭州市萧山区所前镇城南村东蜀山西南面，东临育才路，南临 03 省道，西、北方向均面南门江及其支流。墓地所在位置为大体呈东北高、西南低的斜坡山地。（图 1-1）

第二节　历史沿革

　　早在 8000 年前，萧山湘湖一带就已有人类活动，遗迹即今所见跨湖桥遗址。在今所前镇张家坂村的金山遗址[2]则发现良渚文化时期的文化堆积。此外在萧山境内发现、发掘的新石器时代遗址还有茅草山遗址、眠犬山遗址、傅家山遗址、蜀山遗址等，分布在浦阳江、永兴河、凰桐江、欢潭溪、进化溪、西小江、古湘湖、古渔浦湖等附近。[3]

---

〔1〕中共杭州市萧山区委党史研究室、杭州市萧山区人民政府地方志办公室：《萧山年鉴（2021）》，浙江人民出版社，2021 年。
〔2〕孙国平、王海明、王屹峰：《杭金衢高速路考古发掘获可喜成果》，《中国文物报》1999 年 10 月 6 日。
〔3〕王屹峰、施加农：《萧山浦阳江下游史前遗存》，《东方博物（第七辑）》，浙江大学出版社，2002 年。

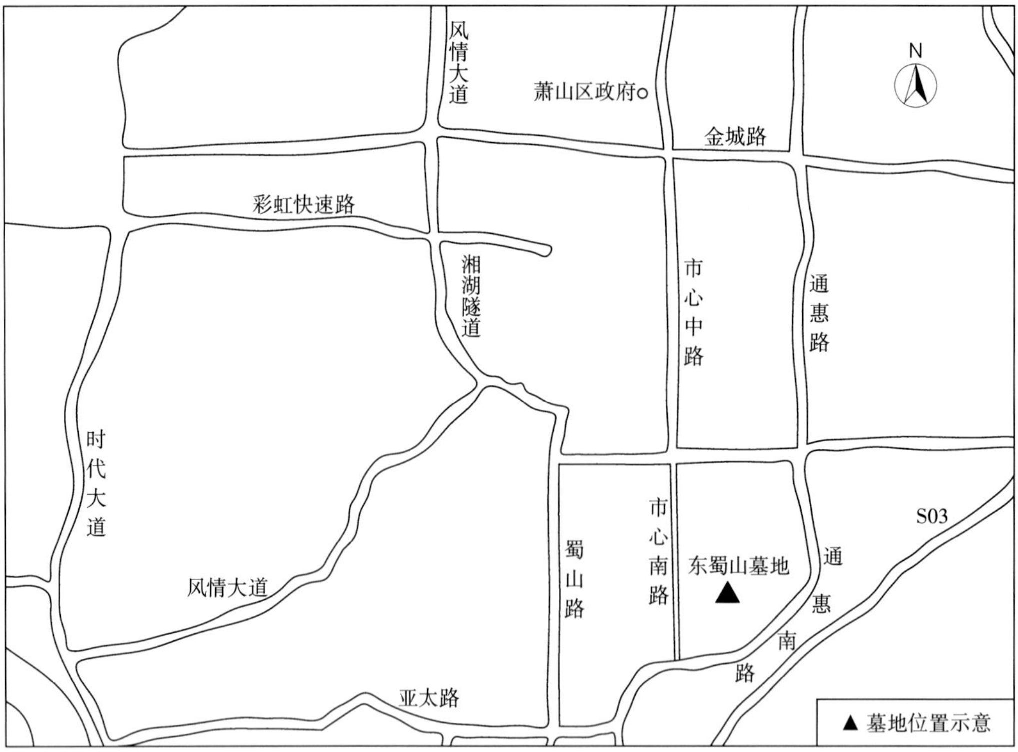

图 1-1　东蜀山墓地位置示意图

商周时期，萧山地域属越国。湘湖之北现有城山越王城遗址，"其山中卑四高，宛如城堞"[1]，为越王勾践屯兵抗吴的军事城堡[2]。今萧山下辖的进化镇发现有茅湾里窑址[3]，为春秋战国时期烧造印纹硬陶和原始瓷的窑址，该镇先后发现或发掘的同时期窑址还有前山窑址[4]、安山窑址[5]、纱帽山窑址等。

战国中期，楚灭越。秦始皇二十六年（前 221 年）置会稽郡，萧山地域属会稽郡。西汉初至元始二年（2 年）间始建县，名余暨，属会稽郡。新王莽始建国元年（9 年）改余暨为余衍。三国吴黄武年间（222~229 年）改名永兴，属会稽郡。

唐天宝元年（742 年）改永兴为萧山。五代时，萧山属吴越国镇东军。北宋时属越州，南宋时属绍兴府，元时属绍兴路，明、清属绍兴府。清咸丰十一年（1861 年）太平军占领萧山，改萧山县为菅珊县。清同治二年（1863 年）复称萧山。

1912 年撤府，萧山为省直辖。1914 年省下设道，属会稽道。1927 年废道，仍由省直辖。1935 年省设立行政督察区，萧山属第三行政督察区。1948 年改省直辖。

1949 年 5 月 5 日萧山解放，为省直辖县，6 月底划归绍兴专区。1952 年起复为省直辖县。

---

〔1〕刘会：《萧山县志》，明万历十七年（1589 年）刻本。

〔2〕林华东：《越国固陵城考》，《东南文化（第三辑）》，江苏古籍出版社，1988 年。

〔3〕王士伦：《浙江萧山进化区古代窑址的发现》，《考古通讯》1957 年第 2 期。

〔4〕浙江省文物考古研究所、萧山博物馆：《浙江萧山前山窑址发掘简报》，《文物》2005 年第 5 期。

〔5〕《萧山发现春秋战国窑址》，浙江文物年鉴编委会编《浙江文物年鉴（2005）》。

1957 年划归宁波专区。1959 年改属杭州市。[1]

1988 年 1 月 1 日，萧山县改称萧山市，仍属杭州市。2001 年 3 月 25 日，杭州市萧山区正式成立。[2]

第三节　发现与发掘概况

1987 年 10 月 20 日，萧山县文物管理委员会倪秉章、文保员曹吾贤等对东蜀山墓地进行了考古调查、走访（此地自 1972 年开采白云石矿以来出土铁器、铜器、陶瓷器多件，但多数损毁，仅上交 8 件），确定该地是汉代至清代的古墓群。1998 年 4 月，东蜀山墓群被公布为萧山市文物保护点（后撤销）。2009 年 6 月 4 日，萧山区第三次全国文物普查队对东蜀山墓地进行了复查。

为配合所前镇城南村城中村改造安置房项目建设，2018 年 9 月底至 11 月，杭州市文物考古研究所对拟建设区域进行了考古勘探，在东蜀山上发现古墓 19 座。经国家文物局批准，2019 年 1 月至 3 月，杭州市文物考古研究所联合杭州市萧山区博物馆对该墓地进行了考古发掘，共清理战国至清代墓葬 27 座。（图 1-2）

因大部分墓葬填土中均发现有新石器时代崧泽文化时期的夹砂红陶片、夹砂红陶鱼鳍足、石器等，且土（岩）坑墓 M23 清理后发现西侧墓底仍有红陶片，推测其下或有早期遗址，故在此布探方两个，分别命名为 T1、T2。（图 1-3、图 1-4）

T1 位于发掘区中部，方向为正北，南邻 T2，其余三侧未布方。探方东、北各留 1 米宽的隔梁，故实际发掘面积为 16 平方米（4 米 ×4 米）。地层情况如下：第①层为表土层；第②层为灰褐色粗砂土，分布于探方西北大部，距地表 0.3 米，厚约 0~0.6 米，土质疏松，包含少量红陶片、灰褐陶片、碎瓦片及植物根茎、小石粒；第③层为黄褐色粗砂土，分布于整个探方，距地表 0.3~0.4 米，厚约 0~0.4 米，土质疏松，包含少量红陶片、灰褐陶片、夹砂红陶片及零星红烧土块；第④层为黄绿色砂土，分布于探方西南部，距地表 0.4~0.9 米，厚约 0~0.3 米，土质较致密，包含少量夹砂红陶片、印纹硬陶片、灰陶片、红烧土块，出土石钺 1 件（图 1-5：1）。根据地层出土物推测，②层为明清地层，③层为汉及六朝地层，④层为战国地层。探方内发现灰坑（H1）、墓葬（M18）各 1 处，分布近现代墓 1 座。

T2 位于发掘区中部，方向为正北，北邻 T1，其余三侧未布方。探方东、北各留 1 米宽的隔梁，故实际发掘面积为 16 平方米（4 米 ×4 米）。地层情况如下：第①层为表土层；第②层为灰褐色粗砂土，分布于探方中西部，距地表 0.3 米，厚约 0~0.6 米，土质较疏松，包含较多植物根茎，以及少量红陶片、灰褐陶片、碎瓦片、小石粒和数枚动物牙齿；第③层为黄褐色粗砂土，分布于探方西北部，距地表 0.3~0.85 米，厚约 0~0.25 米，土质疏松，包含少量红陶片、灰褐陶片、夹砂红陶片及零星红烧土块，出土印纹硬陶罐 1 件（图 1-5：2）；第④层为黄绿色砂土，分布于探方西北部，距地表 0.55~1 米，厚约 0~0.5 米，土质较致密，包含少量夹砂红陶片、印纹硬陶片、灰

〔1〕萧山县志编纂委员会：《萧山县志》，浙江人民出版社，1987 年。
〔2〕《萧山撤市设区今日挂牌》，《萧山日报》2001 年 3 月 25 日。

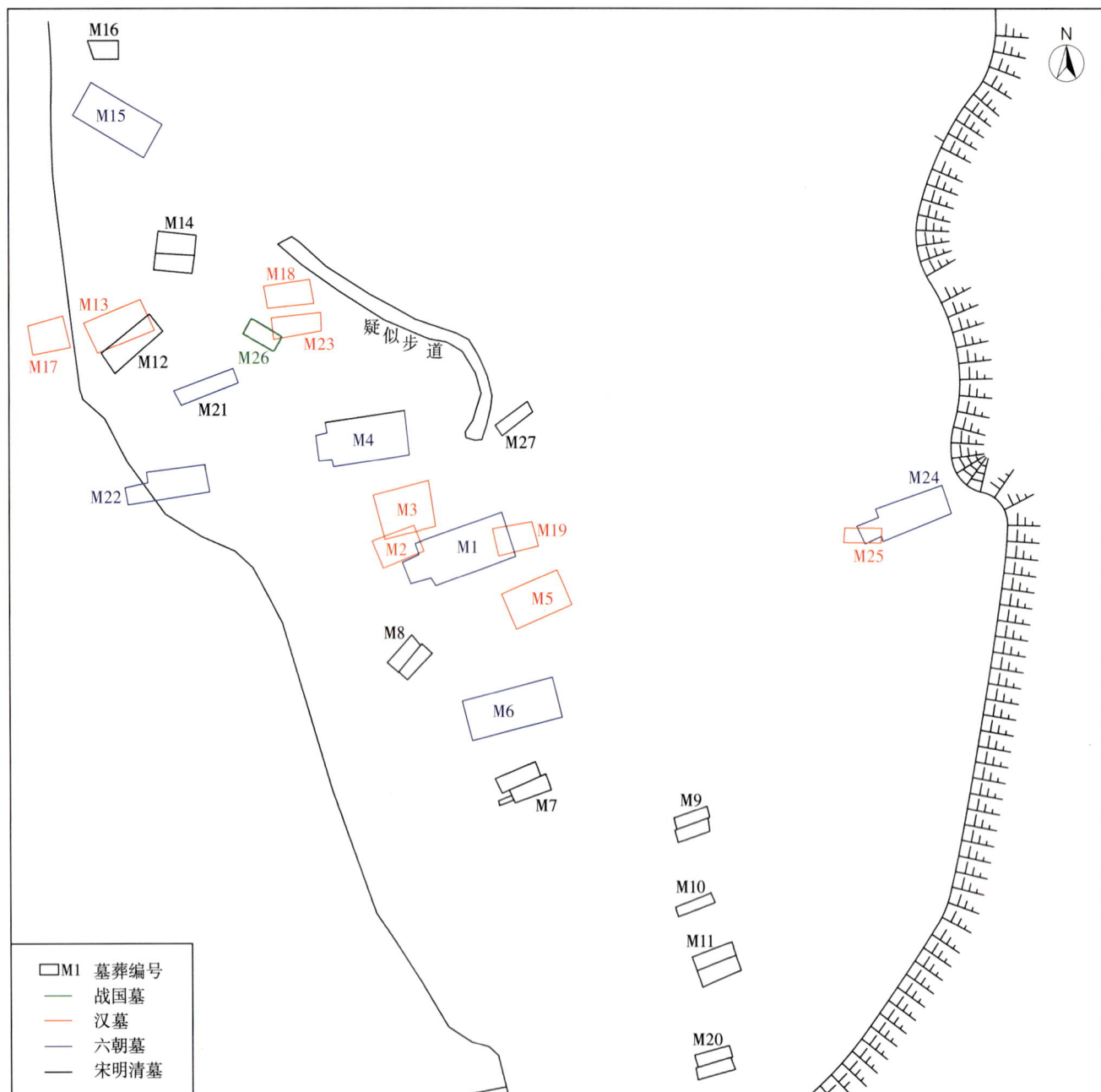

图 1-2　东蜀山墓葬平面分布示意图

陶片及红烧土块。根据地层出土物推测，②层为明清地层，③层为汉及六朝地层，④层为战国地层。探方内发现墓葬 3 处，分别为 M21、M23、M26。

探方位于山体半坡之上，地层堆积主要为山体滑坡、雨水冲击而形成的坡状堆积，其中包含的新石器时代遗物说明新石器时代已有人类在东蜀山活动，但遗址由于自然环境变化和后期人类活动破坏而无存。

H1 位于 T1 西北部，开口于②层下，打破生土层，平面为东西向不规则长条形，上部长 2.6、宽 0.9~1.3 米，底部长 2.7、宽 0.45 米，深 0~0.24 米，整体呈东高西低的斜坡状。填土为灰褐色粗砂土，

图 1-3 T1 清理后

图 1-4 T2 清理后

1. T1 ④∶1（石钺）

2. T2 ③∶1（印纹硬陶罐）

图 1-5　探方出土器物

土质疏松，包含少量红陶片、灰陶片、红烧土块等。根据平面形状、开口层位和堆积情况，推测 H1 为汉代自然形成的雨水冲击坑。（图 1-6、图 1-7）

　　此外，于发掘区中部发现 G1，开口于表土层下，为一条凿穿基岩修成的道路，呈西北低东南高的斜坡状，走向不规则，残长 21.5、宽 0.7~1.4、深 0~1 米，两端高差约 3.5 米。道路修造粗糙，下方有 8 级台阶，余为斜坡。填土为灰褐色砂土，土质疏松，包含大量碎石粒和零星印纹硬陶片。推测 G1 为明清时期所修的一条上山道路。（图 1-8~图 1-10）

　　除探方、灰坑、沟等遗迹外，共清理战国至明清时期的墓葬 27 座。墓葬多分布于山坡中下部，其中战国土（岩）坑墓 1 座；汉代竖穴土（岩）坑墓 9 座；六朝砖室墓 7 座，其中"凸"字形墓 3 座、刀把形墓 1 座，长方形墓 2 座，另 1 座墓前端遭到破坏，形制不明；宋墓 3 座，包括长方形单室砖室墓、长方形双室砖室墓和长方形竖穴土（岩）坑墓各 1 座；明清墓 7 座，其中长方形双室砖

图 1-6　H1 清理后

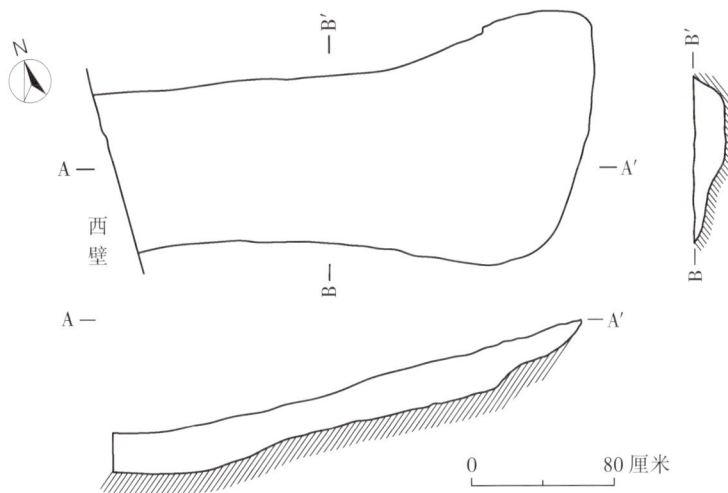

图 1-7　H1 平、剖面图

图 1-8 G1 清理后

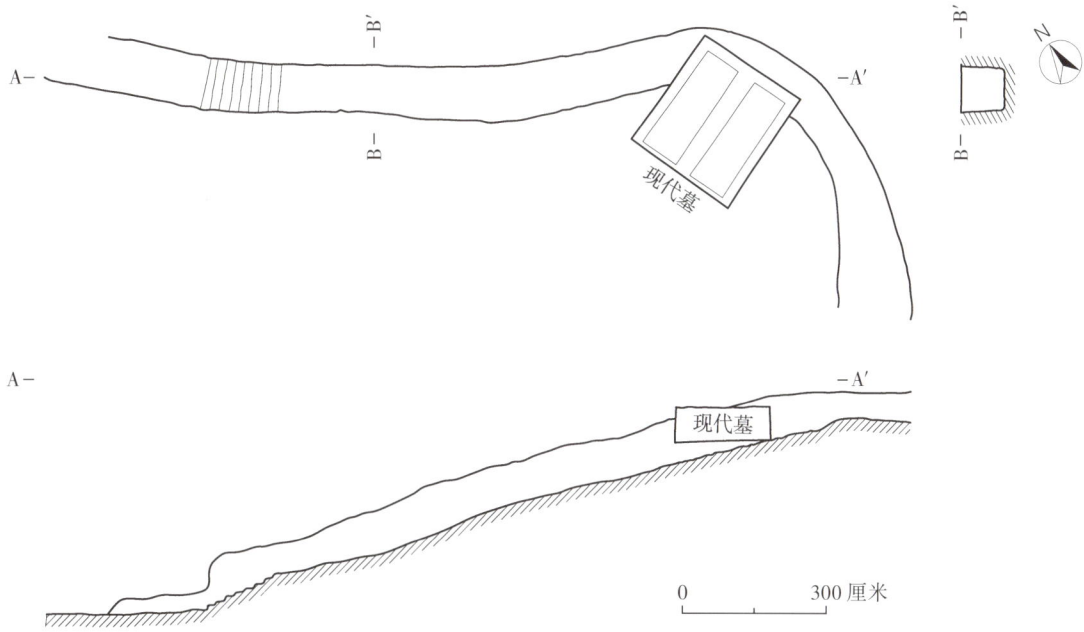

图 1-9　G1 平、剖面图

图 1-10　G1 下方台阶

室墓 5 座、长方形单室砖室墓 2 座。共出土（采集）遗物 158 件（组），包括印纹硬陶器、原始瓷器、陶器、铜器、铁器、石器和贝壳等，另有 6 具保存状况不一的人骨。六朝砖室墓 M1 打破汉代土（岩）坑墓 M2 和 M19、汉代土（岩）坑墓 M2 打破汉代土（岩）坑墓 M3、宋代砖室墓 M12 打破汉代土（岩）坑墓 M13、汉代土（岩）坑墓 M23 打破战国土（岩）坑墓 M26、六朝砖室墓 M24 打破汉代土（岩）坑墓 M25，其余墓葬未见打破现象。

本次发掘领队为崔太金，参与发掘的人员有杨金东、楼泽鸣、丁伟强、武四倍等。

第四节　资料整理与报告编写

墓葬田野发掘工作结束后，相关资料和遗物运至萧山工作站进行整理。

2020 年 1 月，整理工作开始，按墓葬单位公布资料的形式进行，包括核对出土情况、拼对修复、上墨和器物描述等。在整理过程中，通过对照墓葬分布图、遗迹图、墓葬登记表等资料，对存在的器物重号、缺号以及名称不统一或错用等问题进行了修正。鼎、盒之类的带盖器物，由于墓内移位常导致盖、身分离，因而发掘过程中同一件器物的器盖和器身存在分别编号现象。为便于统计和描述，在核对照片、匹配实物的胎釉特征和大小之后，将原属一件的器物进行合并，例如 M3∶12 与 M3∶13 为同一件鼎的器盖和器身，合并之后为 M3∶12、13，用来表示一件完整的鼎。对于墓葬填土出土的器物按采集品处理，器号以"0"开头，如 M5∶01 表示 M5 填土出土的第一件器物。

2020 年 2 月，受新冠肺炎疫情和田野工作影响，整理工作暂停。2020 年 7 月，整理工作恢复，完成对所有器物的摄影、测绘以及遗迹图的清绘。2020 年 12 月开始发掘报告的编写工作，2021 年 3 月报告编写完成[1]。

资料整理工作由崔太金主持，参加的人员有郝雪琳、杨金东等；器物摄影由郝雪琳完成，罗丹、肖洛瑶、程海娇、翁倩、杨倪帆等协助；遗迹图清绘及器物绘图由丁毅、肖乐乐完成，罗丹参与了部分遗迹图的清绘；M22、M24 墓砖拓片由华丹制作完成。

本报告由崔太金、郝雪琳执笔。

---

〔1〕东蜀山汉墓 M3、M5、M13、M17 的相关简报已于《文物》《东方博物》发表，简报中内容如与本书存在出入，请以本书为准。复旦大学文物与博物馆学系、杭州市文物考古研究所、杭州市萧山区博物馆：《浙江杭州萧山东蜀山西汉墓发掘简报》，《文物》2021 年第 7 期；杭州市文物考古研究所、杭州市萧山区博物馆、复旦大学文物与博物馆学系：《杭州萧山东蜀山墓地 M13、M17 发掘简报》，《东方博物》2021 年第 2 期。

第二章　战国墓

东蜀山墓地仅发现战国墓 1 座，编号 M26。

M26

位于东蜀山西南半山坡上，T2 探方内东北角，开口于③层下，东北角被 M23 打破。长方形竖穴土（岩）坑墓，墓向 300°。墓口距地表 0.6 米。墓坑修制粗糙。墓壁斜直，底部略内收，墓口长约 2.3、宽 1.1 米，墓底长约 2.2、宽约 1 米，深 0.3~0.4 米。（图 2-1、图 2-2）

填土为灰褐色花土，土质较疏松，包含碎石、植物根茎，夹杂少量红陶、灰陶及烧土块。

墓底发现肢骨两根，未见葬具。出土随葬器物 9 件，其中原始瓷碗 2 件、陶盆 1 件、印纹硬陶罍 1 件、印纹硬陶罐 1 件、印纹硬陶坛 4 件，其中陶盆和印纹硬陶罍口部相扣。器物位于墓底偏北侧，呈东西向一字排列。

原始瓷碗

2 件。形制、大小相近。口微敛，斜弧腹，平底。内底自碗心向上呈旋纹，外壁近口沿处有细凹弦纹数周。浅灰胎，胎质坚硬。内外施釉不及底，无釉处呈红褐色，釉层剥落，局部隐见釉迹。轮制，外底可见工具割痕。

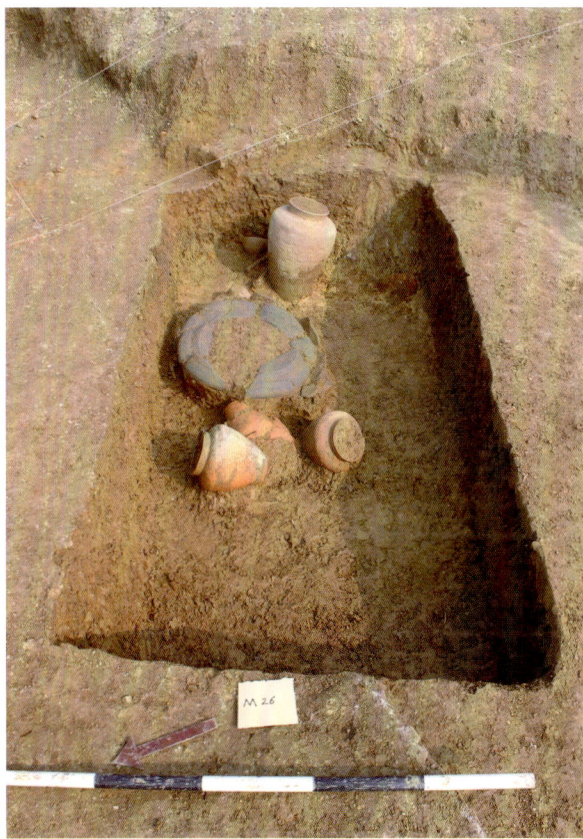

图 2-1　M26 清理后

M26：1，口径 11.8、腹径 12、底径 5.8、高 6 厘米。（图 2-3：1、图 2-4：1）

M26：3，口径 11.6、腹径 11.8、底径 5.7、高 5.8 厘米。（图 2-3：2、图 2-4：2）

陶盆

1 件。M26：5，凸唇，敛口，浅腹，平底。内底可见旋纹，外壁拍印方格纹。泥质灰陶。口沿及内壁隐见漆痕。唇部与盆身可见拼接痕。口径 37、底径 30、高 8.8 厘米。（图 2-3：3、图 2-4：3）

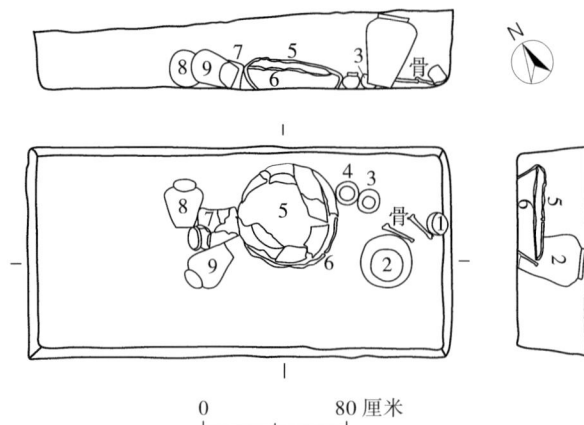

图 2-2　M26 平、剖面图
1. 原始瓷碗　2. 印纹硬陶坛　3. 原始瓷碗　4. 印纹硬陶罐　5. 陶盆
6. 印纹硬陶罍　7. 印纹硬陶坛　8. 印纹硬陶坛　9. 印纹硬陶坛

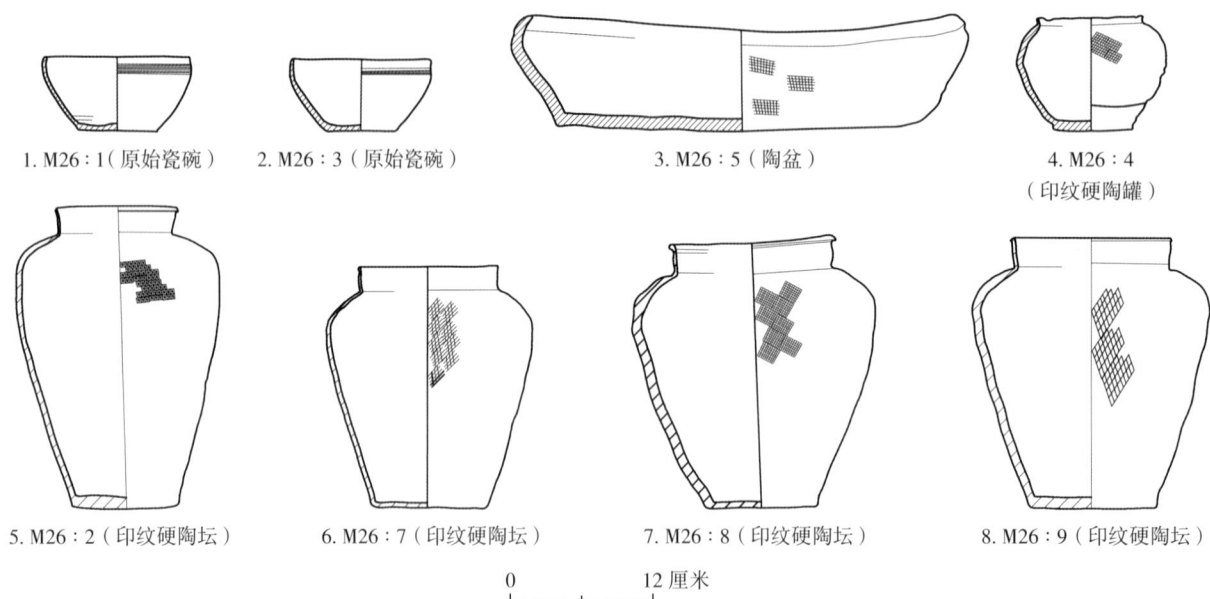

1. M26:1(原始瓷碗)　　2. M26:3(原始瓷碗)　　　　3. M26:5(陶盆)　　　　4. M26:4
　　　　　　　　　　　　　　　　　　　　　　　　　　　　　　　　　　（印纹硬陶罐）

5. M26:2(印纹硬陶坛)　　6. M26:7(印纹硬陶坛)　　7. M26:8(印纹硬陶坛)　　8. M26:9(印纹硬陶坛)

图 2-3　M26 出土器物

印纹硬陶罍

1 件。M26:6，未修复。方唇，直口微敞，广肩，鼓腹，下腹急收，小平底。器身通体拍印席纹。灰胎，胎体较坚硬。口径 18、腹径 42.6、底径 21、高 37.8 厘米。

印纹硬陶罐

1 件。M26:4，尖唇，敞口，鼓腹，下腹斜收，平底。器身通体拍印方格纹。灰胎，胎体较厚重坚硬。捏制，制作粗糙，胎壁及底凹凸不平。口径 8.4、腹径 12、底径 6.4、高 8.8 厘米（图 2-3:4、图 2-4:4）。

印纹硬陶坛

4 件。直口微敞，高领，鼓肩，长腹，下腹斜收，平底。器身通体拍印方格纹或米字纹。

1. M26：1（原始瓷碗）

2. M26：3（原始瓷碗）

3. M26：5（陶盆）

4. M26：4（印纹硬陶罐）

5. M26：2（印纹硬陶坛）

图 2-4　M26 出土器物

M26：2，三角形凸尖唇，腹部较长。外腹拍印米字纹。灰胎，胎体较坚硬。器身泥条盘筑、口沿轮制后拼接，内壁有纵向的刮抹痕。口径 10.3、腹径 16.6、底径 9、高 24.3 厘米。（图 2-3：5、图 2-4：5）

M26：7，凸圆唇。外腹拍印方格纹，纹饰较模糊。胎色呈橘红色，胎质较坚硬。口径 11.7、腹径 17.2、底径 10、高 19.4 厘米。（图 2-3：6）

M26：8，三角形凸尖唇。外腹拍印米字纹。灰胎，局部因生烧呈红色，胎体坚硬，外腹有气泡。

1. M26：8（印纹硬陶坛）　　　　　　　　2. M26：9（印纹硬陶坛）

图 2-5　M26 出土器物

口径 13.3、腹径 20、底径 9、高 21.2 厘米。（图 2-3：7、图 2-5：1）

　　M26：9，圆唇。外腹拍印方格纹。外壁胎色呈橘红色，内壁胎色呈灰色，胎体较厚重。口径 13、腹径 19.4、底径 10.4、高 21.7 厘米。（图 2-3：8、图 2-5：2）

　　M26 为窄长方形竖穴土（岩）坑墓，是东蜀山墓地发现的唯一一座战国墓。随葬品组合为原始瓷碗、陶盆及印纹陶罍、罐、坛。原始瓷碗为轮制。印纹硬陶坛、罐、罍均为手制，泥条盘筑或泥片贴筑，外腹通体拍印方格纹或米字纹等，器内未修整，较粗糙，可见刮抹痕迹。陶盆口沿与器身拼接而成，表面有轮修痕迹。原始瓷碗、印纹硬陶坛组合见于绍兴祝家山 M1[1]，此外原始瓷敛口碗见于德清亭子桥战国原始瓷窑址[2]和德清东坡岭战国墓（M6：3）[3]，印纹硬陶坛见于海盐黄家山[4]。因此推测其年代为战国中期。

〔1〕浙江省文物考古研究所、绍兴市文物考古研究所等：《绍兴越墓——绍兴越国王陵及贵族墓考古报告》，文物出版社，2016 年。

〔2〕浙江省文物考古研究所、德清县博物馆：《德清亭子桥——战国原始瓷窑址发掘报告》，文物出版社，2011 年。

〔3〕浙江省文物考古研究所、德清县博物馆：《浙江德清东坡岭战国墓发掘简报》，《东南文化》2018 年第 5 期。

〔4〕浙江省文物考古研究所、海盐县博物馆：《浙江海盐出土原始瓷乐器》，《文物》1985 年第 8 期；田正标：《江、浙、沪地区战国墓分期初探》，浙江省文物考古研究所编《浙江省文物考古研究所学刊（第 9 辑）》，科学出版社，2009 年。

第三章 汉 墓

东蜀山墓地共发现两汉时期墓葬9座，均为长方形竖穴土（岩）坑墓，编号分别为M2、M3、M5、M13、M17、M18、M19、M23、M25。现分述如下。

第一节 墓葬分述

M2

位于发掘区中部，东北打破 M3，东南角被 M1 打破。长方形竖穴土（岩）坑墓，方向258°。坑壁近直，坑底东高西低呈坡状。墓口距地表0.2~0.6米。墓坑周壁粗糙，长2.92、宽1.36、深0.14~0.42米。（图3-1、图3-2）

图 3-1　M2 清理后

墓内填土为灰褐色粗砂土，土质较粗疏，包含少量陶片、硬陶残片及石块、植物根茎。

该墓破坏较严重，人骨无存。出土随葬器物5件（组），主要分布于墓底东北部，其中原始瓷壶2件、陶钱1枚、五铢铜钱2枚、海蚌壳9枚。

原始瓷壶

2件。

M2：1，圆唇，喇叭口，束颈，溜肩，鼓腹，平底。颈部上下分别饰一组水波纹；肩部贴附半环状衔环铺首一对，半环耳饰叶脉纹并于顶部贴塑卷云纹；肩部至上腹部饰三组凸弦纹，每组三条；下腹外壁可见泥条盘筑痕。灰胎，胎质较坚硬。肩部、口沿、口沿内侧及内底有青黄色釉，釉层斑驳，剥釉现象较严重，下腹及外底无釉处呈灰褐色。口径14、腹径23、底径11.6、高31.4厘米。（图3-3：1、图3-4：1）

M2：2，残。鼓腹，平底，矮圈足。耳部特征同M2：1。足径15.9厘米。（图3-3：2）

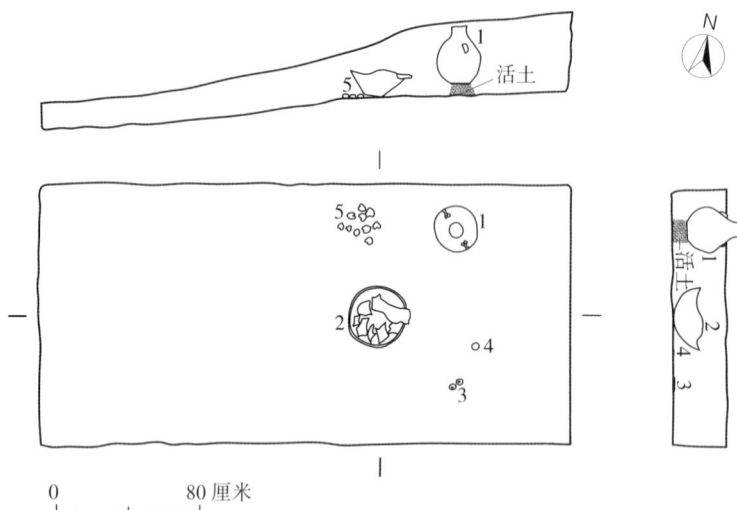

图3-2 M2平、剖面图
1.原始瓷壶 2.原始瓷壶 3.铜钱 4.陶钱 5.海蚌壳

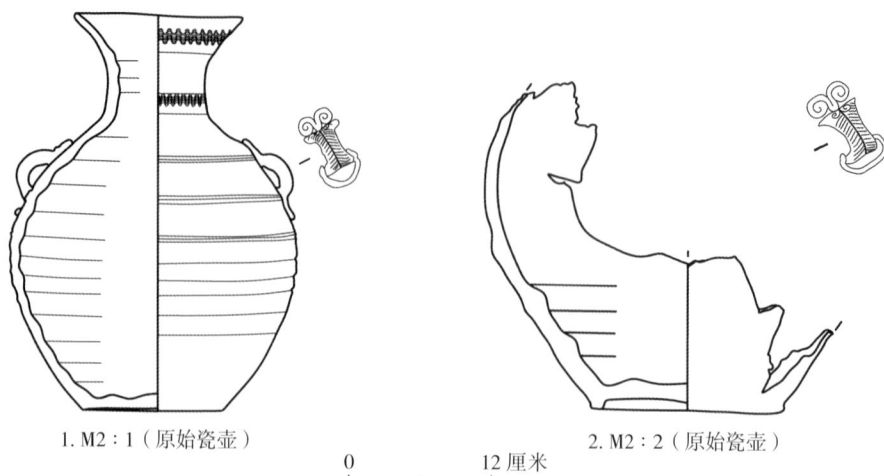

1. M2：1（原始瓷壶）　　　　　2. M2：2（原始瓷壶）

图3-3 M2出土器物

1. M2：1（原始瓷壶）

2. M2：3（铜钱）

3. M2：5（海蚶壳）

图 3-4　M2 出土器物

陶钱

1 枚。M2：4，外圆内方，素面无纹。灰色软泥陶。直径 2.6、厚 0.7 厘米。

铜钱

2 枚。M2：3，五铢钱，一残。圆形方孔，正面穿外无郭，背面穿外有郭。正面穿外篆文"五铢"，字体工整。直径 2.6、厚 0.3 厘米。（图 3-4：2）

海蚶壳

9 枚。M2：5，分大中小三类，其中大 6 枚、中 1 枚、小 2 枚。斜卵圆形，坚厚，色白。两壳合抱，极膨胀，壳顶凸出并向内弯曲，稍超过韧带面，韧带呈梭形，背部两侧略呈钝角。壳面呈扇形，上有瓦隆状突起。韧带面有三四重菱纹。大者长约 5.5 厘米，中者长约 4.5 厘米，小者长约 3.5 厘米。（图 3-4：3）

M3

位于发掘区中部，北为 M4，西南角被 M2 打破。长方形竖穴土（岩）坑墓，方向 265°。墓口距地表 0.2~0.8 米。墓坑修制较粗糙，墓壁斜直，下部微收。墓口长 3.7、宽 2.8~3 米，墓底长 3.5、宽 2.65~2.85 米，深约 1.16~1.6 米。墓底两端各有一条南北向枕木沟槽，长 2.7、宽 0.2、深 0.04~0.08 米，两者间距 1.62 米，未见枕木痕迹。（图 3-5、图 3-6、图 3-8）

墓内填土为灰褐色粗砂土，土质较粗疏，包含少量硬陶残片及较多碎石和植物根茎。

该墓保存较好，人骨和葬具无存。出土随葬器物 31 件（组），室内整理时合并为 27 件（组），以原始瓷为主。墓底中部偏东见铜镜 1 枚、西南见铜钱 7 枚，其余器物在墓底偏北呈东西向一字排列。（图 3-7）

图 3-5　M3 清理后

图 3-6　M3 墓底枕木沟槽

图 3-7　M3 出土器物组合

战国原始瓷碗

3 件。分盅式碗和敛口深腹碗两种形制。

盅式碗　2 件。

M3∶1，直口微敞，折腹，平底。内底数周旋纹。浅灰胎，胎体坚致。器表通体施薄釉，呈淡黄色。外底可见切割痕并等距分布三个泥点痕。口径 10、底径 4.8、高 4.55 厘米。（图 3-9∶1、图 3-10∶1）

M3∶20，碗底，于折腹处断裂，平底。内底可见较为细密的旋纹。生烧，胎呈浅红色，胎体厚重。外底见线割痕。底径 6.4、残高 2.4 厘米。（图 3-9∶2、图 3-10∶2）

敛口深腹碗　1 件。M3∶29，形制同 M26∶1、M26∶3。敛口，深腹，下腹斜收，平底。外口沿下有细凹弦纹六周。

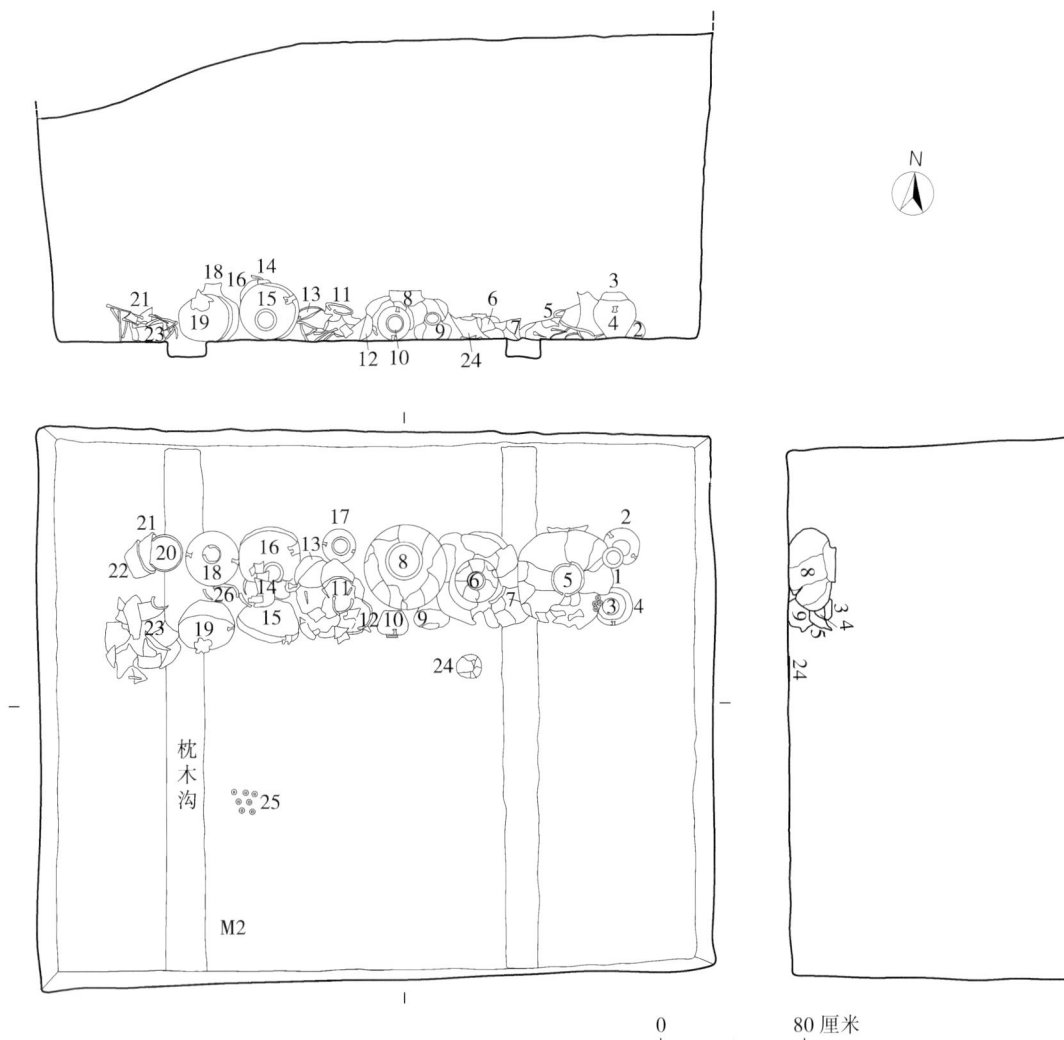

图 3-8　M3 平、剖面图

1. 战国原始瓷碗　2. 原始瓷罐　3. 战国原始瓷盒　4. 陶罐　5. 原始瓷罍　6. 原始瓷罐　7. 原始瓷罍　8. 原始瓷罍　9. 原始瓷罐　10. 陶罐　11. 陶罍　12. 原始瓷鼎身　13. 原始瓷鼎盖　14. 原始瓷鼎身　15. 原始瓷瓿　16. 原始瓷瓿　17. 原始瓷罐　18. 原始瓷壶　19. 原始瓷壶　20. 战国原始瓷碗　21. 原始瓷盒盖　22. 原始瓷盒身　23. 原始瓷瓿　24. 铜镜　25. 铜钱　26. 原始瓷盒盖　27. 原始瓷鼎盖　28. 原始瓷器盖　29. 战国原始瓷碗　30. 原始瓷盒身　31. 陶钱（26~31 叠压在 11、15、23 下）

浅灰胎，胎体坚致。器表施釉呈青黄色，剥釉严重。口径 10、底径 4.5、高 6.6 厘米。（图 3-9：3、图 3-10：3）

战国原始瓷盒

1 件。M3：3，仅盒身。子口，斜弧腹，腹部较浅，平底。浅灰胎，底部生烧。内施满釉、外施半釉，整体剥釉，局部依稀可见青黄色釉迹。轮制，内外可见拉坯留下的细旋纹，外底可见线割痕。口径 11.9、底径 5.4、高 3.4 厘米。（图 3-9：4、图 3-10：4）

原始瓷鼎

2 件。盖、身合烧。覆钵形盖，平盖面，上饰凹弦纹一周并等距贴附三角状纽。鼎身子口内敛，弧腹，下腹内收，平底，下承三蹄足。外壁偏上有折棱一周，折棱以上贴附长方形立耳一对，双耳上翘，中间有长方形竖孔，两侧模印纹饰；足部亦模印纹饰。浅灰胎。盖面施釉呈青黄色，鼎

1. M3：1（战国原始瓷碗）

3. M3：29（战国原始瓷碗）

2. M3：20（战国原始瓷碗）

4. M3：3（战国原始瓷盒）

5. M3：21、22（原始瓷盒）

6. M3：26、30（原始瓷盒）

7. M3：12、13（原始瓷鼎）

8. M3：14、27（原始瓷鼎）

9. M3：18（原始瓷壶）

10. M3：23（原始瓷瓿）

11. M3：19（原始瓷壶）

12. M3：15（原始瓷瓿）

1~4：　0　　　　　8厘米

余：　　0　　　　　12厘米

13. M3：16（原始瓷瓿）

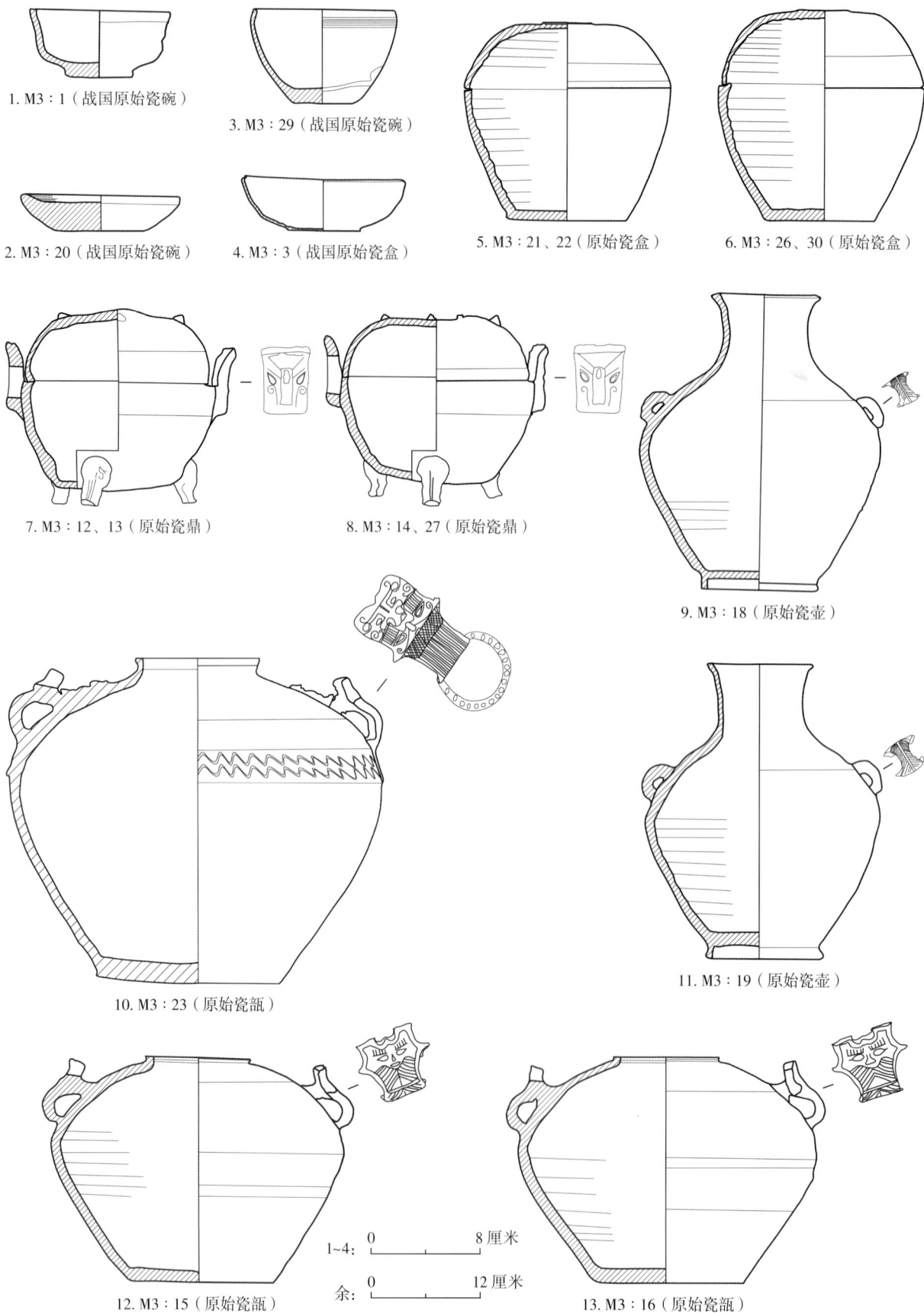

图 3-9　M3 出土器物

1. M3∶1（战国原始瓷碗）

2. M3∶20（战国原始瓷碗）

3. M3∶29（战国原始瓷碗）

4. M3∶3（战国原始瓷盒）

5. M3∶12、13（原始瓷鼎）

6. M3∶26、30（原始瓷盒）

图 3-10　M3 出土器物

双耳上部可见青黄色釉迹，剥釉现象严重，鼎盖近口沿无釉处、盖内及鼎身呈红褐色。

M3：12、13，盖面有气泡，蹄足根部内凹。盖径19.5、高7.5厘米，鼎身口径17.5、底径12.1厘米，通高20.4厘米。（图3-9：7、图3-10：5）

M3：14、27，一蹄足根部内凹，双耳对应的内壁有指窝痕。盖径20、高6.1厘米，鼎身口径17.8、底径13厘米，通高20厘米。（图3-9：8）

原始瓷盒

2件。形制、大小相近。覆钵形盖，盖顶近平，顶中央凸起一圈棱，平沿。盒身子口内敛，深腹近斜直，平底。灰胎，盖面施青釉。

M3：21、22，盒盖釉层厚薄不均，局部剥釉；盒身表面无釉，口沿及近底处可见青黄色釉斑。外底呈黑褐色并粘连少量窑渣，外壁朝向火膛一面呈红褐色，内壁可见大小气泡。盖径22.2、高7厘米，盒身口径20、底径12.8、高13.6厘米，通高20.6厘米。（图3-9：5）

M3：26、30，盒盖釉层厚薄不均，剥釉较严重；盒身表面无釉，口沿处可见青黄色釉迹。盖面有气泡。盖径22、高8厘米，盒身口径20、底径12、高14.4厘米，通高21.8厘米。（图3-9：6、图3-10：6）

原始瓷壶

2件。敞口，束颈，弧肩，鼓腹，下腹斜弧收，矮圈足。肩部贴附半环状叶脉纹耳一对并饰凹弦纹，耳中部有纵向凹痕一道。灰胎。口沿、肩部及内底见青黄釉，釉层剥落较严重，颈部、下腹部及底部无釉处呈灰褐色。

M3：18，斜方唇。釉层剥落较严重，外底粘连一小块窑渣。口径11.7、最大腹径25.8、足径12.5、高30.6厘米。（图3-9：9、图3-11：1）

M3：19，平方唇，圈足略外撇。釉层不均，有流釉现象。口径11.1、最大腹径25.1、足径12.5、高30.7厘米。（图3-9：11）

原始瓷瓿

3件。方唇平沿，直口，弧肩，鼓腹，下腹斜收，平底。肩部贴附兽面耳一对，耳上翘，顶端低于口沿。

M3：15，最大径在腹中部，平底略内凹。肩部饰凹弦纹一周。浅灰胎。口沿至上腹部及内底施釉，呈青黄色，釉层剥落较严重，外底及外壁近底处呈红褐色。口径11.3、最大腹径31.3、底径15.6、高23.4厘米。（图3-9：12、图3-11：2）

M3：16，口径11、最大腹径32.3、底径16.2、高23.4厘米。（图3-9：13）

M3：23，矮领，圆鼓腹，下腹急收，平底。肩部贴附兽首衔环铺首一对，其下有水波纹两组，水波纹上下各有凹弦纹一周。灰胎，较坚硬。口沿至肩部施釉，呈草黄色，剥釉现象严重。外腹近底处可见拼接痕，外底过烧。口径13.4、最大腹径40.3、底径20.1、高33.6厘米。（图3-9：10、图3-11：3）

原始瓷罍

3件。方唇，直口微敞，矮领，弧肩，圆鼓腹，最大径在上腹部，下腹急收，小平底。器身通体拍印席纹。

1. M3：18（原始瓷壶）

2. M3：15（原始瓷瓿）

3. M3：23（原始瓷瓿）

4. M3：7（原始瓷罍）

5. M3：8（原始瓷罍）

6. M3：5（原始瓷罍）

图 3-11　M3 出土器物

　　M3：7，器身席纹印痕较深。浅灰胎。肩部、口部及口沿内侧、内底施薄釉，呈浅黄色，剥釉较严重。外底见红褐色过烧痕。口径 17.6、最大腹径 39.6、底径 20.2、高 32.3 厘米。（图 3-11：4、图 3-12：2）

　　M3：8，最大腹径较 M3：7 偏上。灰胎。肩部、口部及口沿内侧、内底施釉，呈青褐色，剥釉严重，无釉处呈黑褐色。外底过烧。口径 16.8、最大腹径 36.9、底径 17.1、高 30 厘米。（图 3-11：5、图 3-12：1）

　　M3：5，胎色不均，整体呈砖红色，上腹部一侧呈浅灰色。口沿及肩部釉层剥落。口径 17.9、最大腹径 43.8、底径 20.4、高 37 厘米。（图 3-11：6、图 3-12：3）

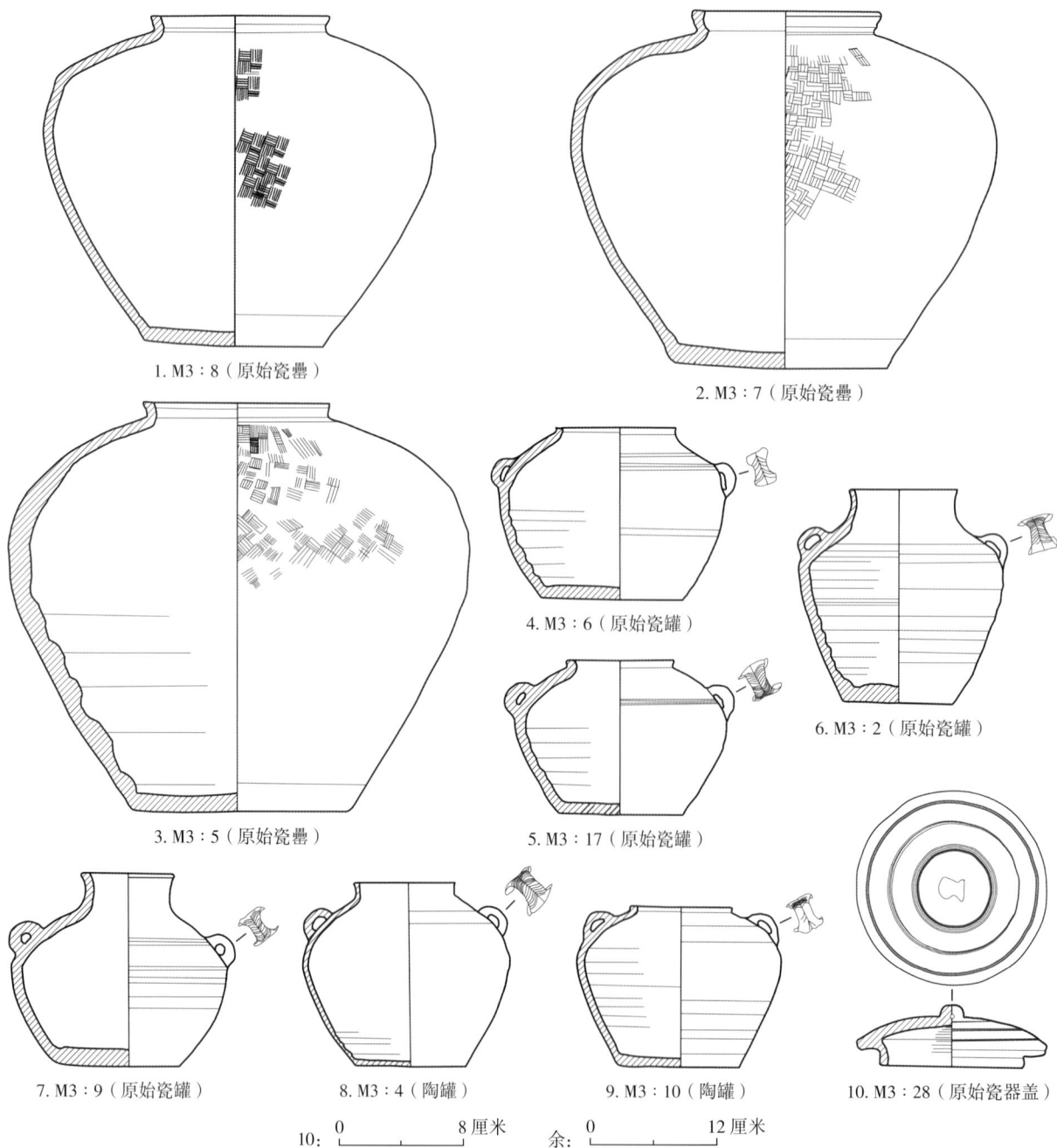

1. M3：8（原始瓷罍）
2. M3：7（原始瓷罍）
3. M3：5（原始瓷罍）
4. M3：6（原始瓷罐）
5. M3：17（原始瓷罐）
6. M3：2（原始瓷罐）
7. M3：9（原始瓷罐）
8. M3：4（陶罐）
9. M3：10（陶罐）
10. M3：28（原始瓷器盖）

图 3-12　M3 出土器物

陶罍

1件。形制与同出的原始瓷罍相近。M3：11，灰陶。因烧成温度较低且破损较严重，难以修复。口径约 18 厘米。

原始瓷罐

4件。方唇，直口或直口微敞，肩部贴附半环状耳一对。

M3：6，方唇，直口，弧肩，扁鼓腹，下腹斜收，平底。肩部贴附半环状叶脉纹耳一对并饰凹弦纹两周。浅灰胎。口沿、上腹部及内底见青黄釉，釉层剥落严重，下部无釉处呈红褐色。口径 11.1、最大腹径 20.7、底径 13.1、高 15.8 厘米。（图 3-12：4、图 3-13：1）

M3：17，方唇，直口，矮领，弧肩，扁鼓腹，下腹斜收，平底。肩部贴附半环状叶脉纹耳一对并饰凹弦纹两周。浅灰胎。口沿、上腹部及内底见青黄釉，剥釉现象较明显，下部无釉处呈红褐色。口径 10.2、最大腹径 20、底径 11.8、高 14 厘米。（图 3-12：5、图 3-13：4）

M3：2，方唇，直口微敞，高领，折肩，长腹，平底。肩部贴附半环状叶脉纹耳一对，耳中部有纵向凹痕一道。浅灰胎。口沿、肩部及内底见青黄釉，釉层剥落较严重。口径 10、最大腹径 18.6、底径 10.6、高 19.5 厘米。（图 3-12：6、图 3-13：2）

M3：9，斜方唇，直口微敞，高领，鼓肩，最大径在肩部，扁腹，下腹斜弧收，平底略内凹。肩部贴附半环状叶脉纹耳一对并饰凹弦纹两组，耳中部有纵向凹痕一道。灰胎。口沿、肩部及内底见青黄釉，釉层剥落较严重，颈部、下腹部及底部无釉处呈灰褐色。外底粘连一小块窑渣。口径 8.9、最大腹径 19.9、底径 11.2、高 17.6 厘米。（图 3-12：7、图 3-13：3）

陶罐

2件。方唇，直口，肩部贴附对称半环状耳一对。

M3：4，方唇，直口，矮领，弧肩，圆鼓腹，最大径在腹中部，下腹斜收，平底。肩部贴附半环状叶脉纹耳一对。浅灰胎，胎质较细腻，胎体较轻，较坚硬，器表肩部以上呈灰色，肩部以下及底部呈橘红色。口径 9.8、最大腹径 19.8、底径 10.7、高 16.8 厘米。（图 3-12：8、图 3-14：1）

M3：10，方唇，直口，鼓肩，最大径在腹中部偏上，下腹斜收，平底。肩腹贴附半环状耳一对，耳部正中压印痕一道；下腹部有凹弦纹三道。胎中夹细砂，火候较低，整体呈橘红色，底部因生烧呈浅黄色。口径 9.6、最大腹径 19.2、底径 11.5、高 14.5 厘米。（图 3-12：9、图 3-14：2）

原始瓷器盖

1件。M3：28。子口，弧盖面，盖顶附穿孔盖钮。盖面饰三组细凹弦纹。灰胎，胎体较坚硬。表面施釉，釉层剥落，局部可见釉迹。盖径 11.9、高 3.8 厘米。（图 3-12：10、图 3-14：3）

陶钱

14 枚。M3：31，圆形方孔，两面无郭，分泥质红陶和灰黑色软泥陶两种。泥质红陶 2 枚，正面穿外篆文刻"五铢"。灰黑色软泥陶 12 枚，胎质较软，部分穿外刻划或模印"五铢"。直径 2.3、厚 0.5~0.7 厘米。（图 3-15：1）

铜钱

20 枚。M3：25，圆形方孔。五铢钱 9 枚（其中 2 枚残损），孔较大，正面穿外无郭，背面穿外有郭。正面穿外篆文"五铢"，字体工整。直径 2.6、厚 0.3 厘米。半两钱 11 枚，部分粘连在一起，

1. M3：6（原始瓷罐）

2. M3：2（原始瓷罐）

3. M3：9（原始瓷罐）

4. M3：17（原始瓷罐）

图 3-13　M3 出土器物

1. M3：4（陶罐）

2. M3：10（陶罐）

3. M3：28（原始瓷器盖）

图 3-14 M3 出土器物

1. M3：31（陶钱）

2. M3：25（铜钱）

图 3-15 M3 出土器物

略小于五铢钱，双面均无郭。正面篆文"半两"。直径 2.4、厚 0.1 厘米。（图 3-15：2）

铜镜

1 枚。M3：24，草叶纹镜。残碎，拼对后残缺较多，局部闪露青黑色的金属光泽。圆纽，四叶纹纽座。方格外置草叶纹饰，内向连弧纹缘。大方格四角各向外伸出一组双瓣叶，将方格与边缘分成四区，各区分别以一乳为中心，每乳左右各有一对称连叠草叶纹。

M5

位于发掘区中部，西北为 M1，北为 M19，西南为 M6。长方形竖穴土（岩）坑墓，方向 266°。直接开挖于基岩之上，墓口距地表 1.2~1.5

图 3-16　M5 清理后

图 3-17　M5 墓底

米。墓坑修制较粗糙，墓壁斜直，下部微收。墓口长 3.9、宽 2.7 米，墓底长 3.66、宽 2.5 米，深 1~1.8 米。墓底两端各有一条南北向枕木沟槽，长 2.5、宽 0.2~0.24、深 0.01~0.04 米，两者间距约 2 米，未见枕木痕迹。（图 3-16~ 图 3-18）

墓内填土为灰褐色粗砂土，土质较粗疏，包含少量陶片、夹砂红陶鼎足及碎石。

该墓保存较好，墓底偏南侧可见人骨 1 具，残存头骨和上下肢骨，仰身直肢，头朝西，长约 1.8 米，初步判断为男性。出土随葬器物 26 件（组），另有采集品 1 件，室内整理时合并为 24 件（组），铜钱、铜带钩、铜印章、铁环首刀等位于人骨附近，其余器物位于人骨北侧，呈东西向一字排列。

原始瓷鼎

2 件。弧腹矮足和斜直腹平底各 1 件。

M5：3、12，弧腹矮足。覆钵形盖，弧盖面，

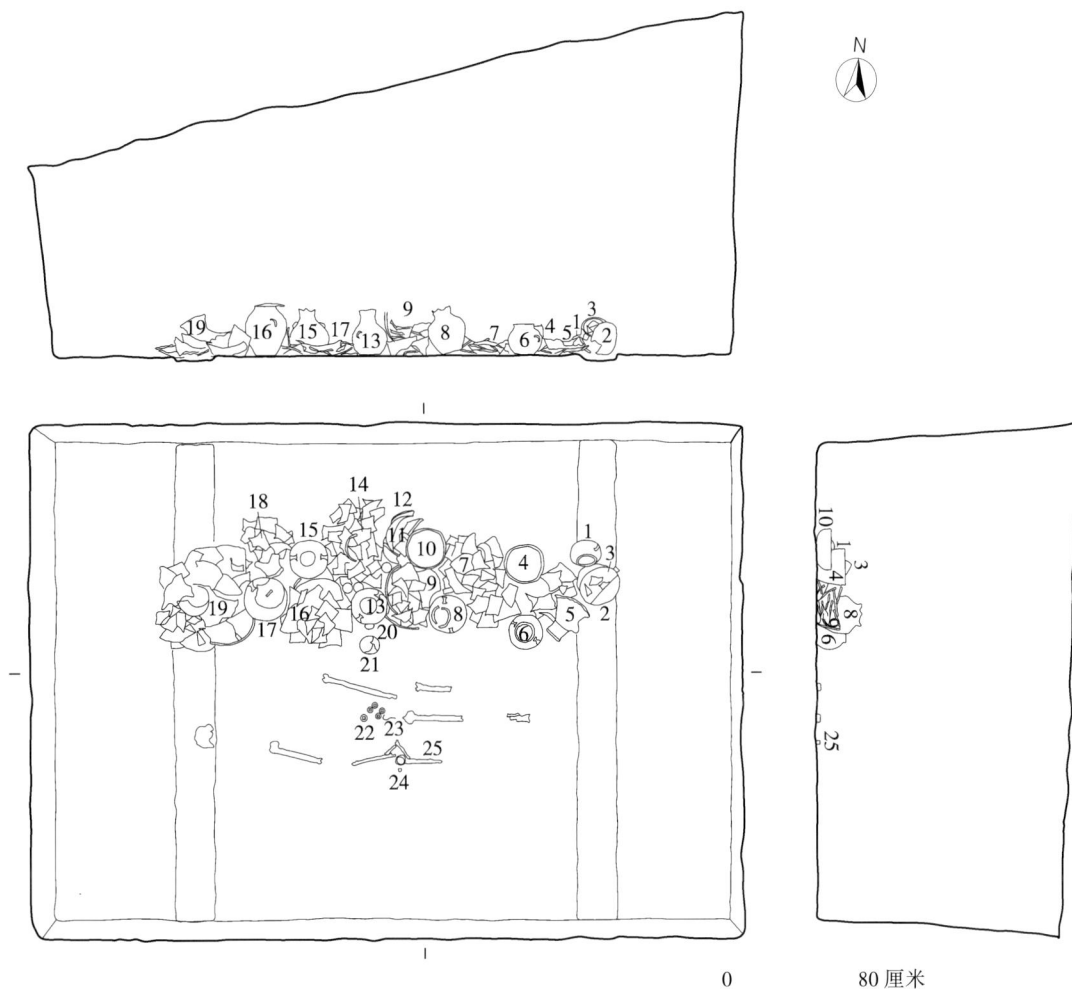

图 3-18 M5 平、剖面图

1. 原始瓷罐　2. 原始瓷鼎盖　3. 原始瓷鼎盖　4. 原始瓷盒　5. 原始瓷罐　6. 原始瓷瓿　7. 原始瓷瓿　8. 陶壶　9. 原始瓷瓿　10. 原始瓷盒盖　11. 原始瓷鼎身　12. 原始瓷鼎身　13. 陶壶　14. 原始瓷壶　15. 原始瓷壶　16. 陶罐　17. 陶罐　18. 原始瓷盒身　19. 原始瓷壶　20. 原始瓷麟趾金　21. 铜镜　22. 铜钱　23. 铜带钩　24. 铜印章　25. 铁环首刀　26. 陶钱（26 叠压在 14 下）

平沿。鼎身子口内敛，圆弧腹，平底，外壁近底处等距贴附三矮足，足端与底持平。盖内见涡纹。鼎身口部贴附长方形立耳一对，双耳顶部微外翻，中间有长方形竖孔，围绕竖孔模印方框纹三周。整体胎色因生烧呈橘红色，鼎盖由于温度较高色偏灰。盖径 21.5、高 6.7 厘米，鼎身口径 19.6、底径 11.4、高 13.8 厘米，通高 20 厘米。（图 3-19：1、图 3-20：1）

M5：2、11，斜直腹平底。盖、身合烧。覆钵形盖，弧盖面顶部略平，平沿。鼎身子口内敛，斜腹，下腹内收，平底。盖内见涡纹。鼎身口部贴附长方形立耳一对，双耳上部外翻（一耳残），中间有长方形竖孔，围绕竖孔模印兽纹。除耳部可见灰胎外，整体胎色因生烧呈橘红色，鼎盖由于温度较高色偏浅。盖面原有釉，已剥落。内底不平整，可能是先做底后拼接而成。双耳对应的内壁有指窝痕。盖径 20.8、高 6.2 厘米，鼎身口径 19.8、底径 12、高 12 厘米，通高 18.2 厘米。（图 3-19：2、图 3-20：2）

原始瓷盒

2 件。形制、大小相近。覆钵形盖，弧盖面，平沿。盒身子口内敛，深腹，下腹斜收，平底。

1. M5：3、12（原始瓷鼎）

3. M5：4（原始瓷盒）

4. M5：10、18（原始瓷盒）

2. M5：2、11（原始瓷鼎）

5. M5：15（原始瓷壶）

6. M5：8（陶壶）

7. M5：13（陶壶）

8. M5：14（原始瓷壶）

0   12 厘米

9. M5：19（原始瓷壶）

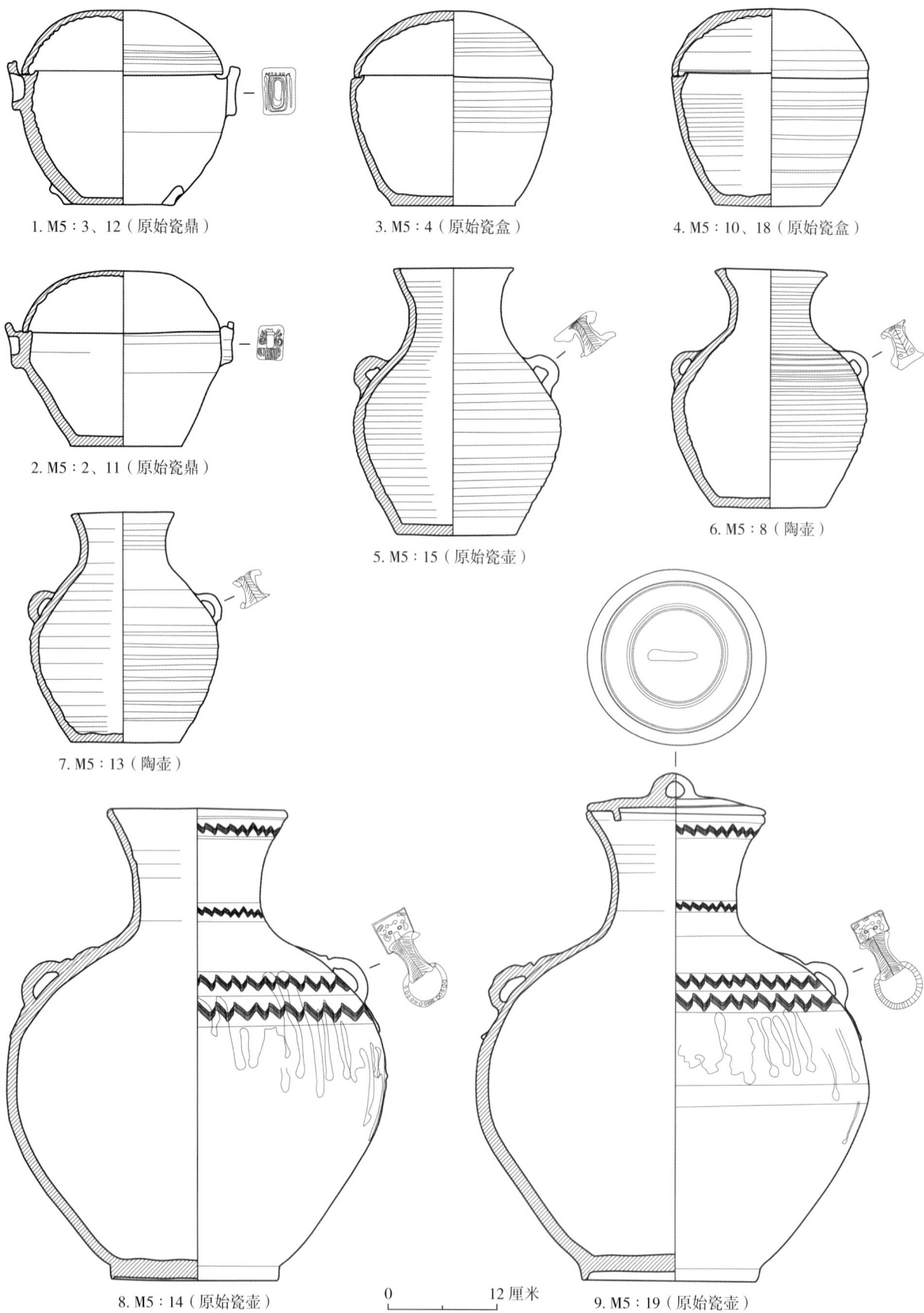

图 3-19　M5 出土器物

1. M5：3、12（原始瓷鼎）

2. M5：2、11（原始瓷鼎）

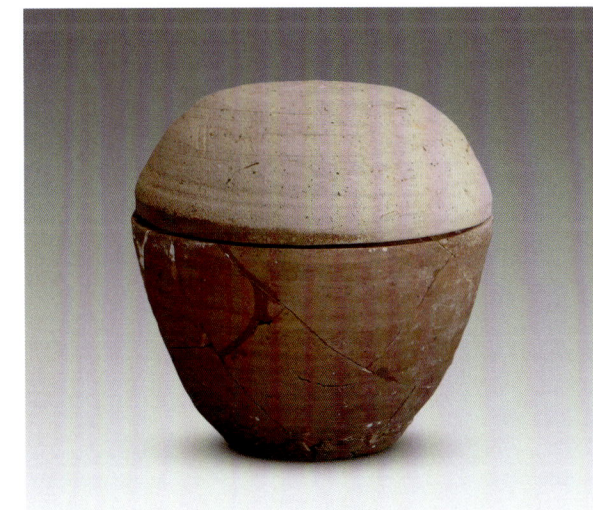

3. M5：4（原始瓷盒）

4. M5：10、18（原始瓷盒）

图 3-20　M5 出土器物

浅灰胎，胎体较坚硬。盖面釉层均已剥落，盖面口沿及盒身表面无釉，呈红褐色。器表可见轮制痕。

M5：4，盖径21.2、高7厘米，盒身口径19.6、底径13.2、高13.5厘米，通高20.2厘米。（图3-19：3、图3-20：3）

M5：10、18，弧盖面顶部略平。外底一侧有粘补痕（烧前）。盖径21、高7.1厘米，盒身口径18.8、底径11.7、高13.5厘米，通高20.2厘米。（图3-19：4、图3-20：4）

原始瓷壶

3件。可分为平底壶和矮圈足大壶。

平底壶　1件。M5：15，方唇，喇叭口，束颈，溜肩，鼓腹，下腹斜收，平底。肩部贴附半环状叶脉纹耳一对，腹部布满弦纹。口沿、肩部及口沿内侧、内底可见青黄釉，釉层剥落较严重，无釉处呈黑褐色。口径13、最大腹径22.2、底径13、高27.7厘米。（图3-19：5、图3-21：1）

矮圈足大壶　2件。器形较大，装饰较丰富。圆唇，盘口微显，束颈，圆鼓腹，矮圈足。肩部贴附兽首衔环铺首一对，半环耳饰以叶脉纹。外口沿下刻凹弦纹两周，中间填以水波纹一组；颈部下端刻水波纹一组；肩部等距刻凹弦纹三周，中间填以水波纹。器表不平整，内外均有较多旋纹。灰胎，胎体较厚重。口沿、肩部及口沿内侧、内底可见青黄釉，釉层剥落较严重，有明显的垂釉现象。

M5：14，口径19.3、最大腹径41、足径18.5厘米、高49厘米。（图3-19：8）

M5：19，带盖，弧盖面，顶部附半环状盖钮，盖面刻双凹弦纹两周。盖径19.6、高4.8厘米，壶身口径19、最大腹径42.2、足径18、高49厘米，通高52.8厘米。（图3-19：9、图3-21：2）

陶壶

2件。形制基本同原始瓷平底壶。

M5：8，泥质红陶，胎体较坚致。口径11.9、最大腹径21、底径12、高24.8厘米。（图3-19：6、图3-21：3）

M5：13，泥质红陶，胎体较坚致。叶脉纹双耳中部有纵向凹痕一道。泥条盘筑而成，快轮修整，内壁可见接圈痕。口径11、最大腹径20.4、底径12、高23.8厘米。（图3-19：7、图3-21：4）

原始瓷瓿

3件。形制、大小基本相同。方唇，直口，矮领，弧肩，圆鼓腹，下腹急收，小平底。肩部刻凹弦纹三周，贴附兽首耳一对，耳上翘，耳上端贴附模印兽面纹，兽面下端有圆锥状乳突，双耳顶端低于口沿。胎釉状态接近同出的原始瓷矮圈足大壶（M5：14、M5：19）。灰胎，较坚硬。口沿至上腹部及内底施釉，剥釉、流釉现象严重。

M5：6，口径13.4、最大腹径42.2、底径16.8、高36.5厘米。（图3-22：1、图3-23：1）

M5：7，口径13.6、最大腹径43.2、底径16.2、高37.2厘米。（图3-22：2）

M5：9，口径13.7、最大腹径43.5、底径16.8、高37厘米。（图3-22：3）

原始瓷罐

2件。方唇，直口，矮领，弧肩，扁鼓腹或长鼓腹，平底。肩部贴附半环状叶脉纹耳一对，腹部布满瓦棱。

1. M5：15（原始瓷壶）

2. M5：19（原始瓷壶）

3. M5：8（陶壶）

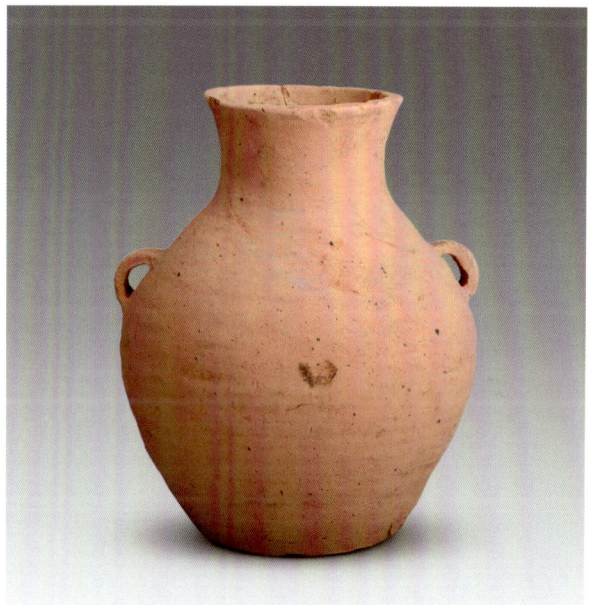

4. M5：13（陶壶）

图 3-21　M5 出土器物

M5：1，扁鼓腹。浅灰胎，胎体厚重坚硬。朝上的部位如口沿、肩部施釉，釉层不均且已剥落，内底不见釉迹。口径 7.8、最大腹径 13.8、底径 8、高 10.5 厘米。（图 3-22：4、图 3-23：2）

M5：5，腹部较 M5：1 长。浅灰胎，胎体厚重坚硬。朝上的部位如口沿、肩部施釉，釉层不均且已剥落，内底可见釉层剥落痕迹。口径 11.7、最大腹径 23、底径 12.6、高 22 厘米。（图 3-22：5、图 3-23：3）

陶罐

2 件。矮领双耳罐和瓿式罐各 1 件，均通体布满瓦棱纹。

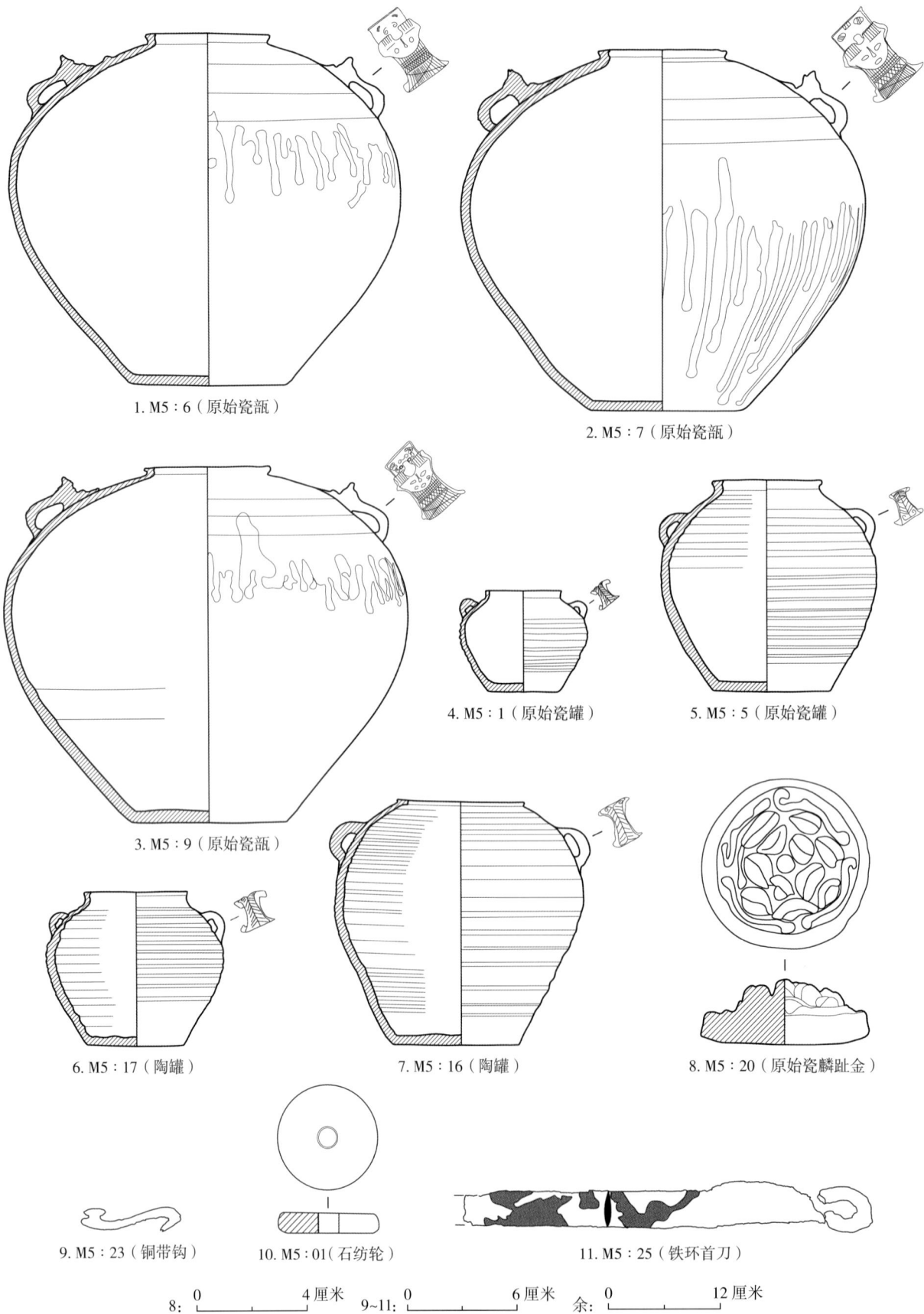

1. M5：6（原始瓷瓿）

2. M5：7（原始瓷瓿）

3. M5：9（原始瓷瓿）

4. M5：1（原始瓷罐）

5. M5：5（原始瓷罐）

6. M5：17（陶罐）

7. M5：16（陶罐）

8. M5：20（原始瓷麟趾金）

9. M5：23（铜带钩）

10. M5：01（石纺轮）

11. M5：25（铁环首刀）

8:　0　　　　4厘米　　9~11:　0　　　　6厘米　　余:　0　　　　12厘米

图 3-22　M5 出土及填土采集器物

矮领双耳罐 1件。M5：17，形制基本同原始瓷罐 M5：1。一耳残。泥质红陶，胎色呈橘红色，胎质较坚硬，胎体较厚重。口径 11、最大腹径 19.2、底径 10.8、高 16 厘米。（图3-22：6、图3-23：4）

瓿式罐 1件。M5：16，圆唇，敛口，平沿，弧肩，长腹，下腹斜收，平底。肩部贴附半环状叶脉纹耳一对。胎色不均，上半部表面呈灰色、下半部为橘红色，烧成温度较高，击之清脆有声。口径 13.6、最大腹径 26.5、底径 13.8、高 25.2 厘米。（图3-22：7、图3-23：5）

1. M5：6（原始瓷瓿）

2. M5：1（原始瓷罐）

3. M5：5（原始瓷罐）

4. M5：17（陶罐）

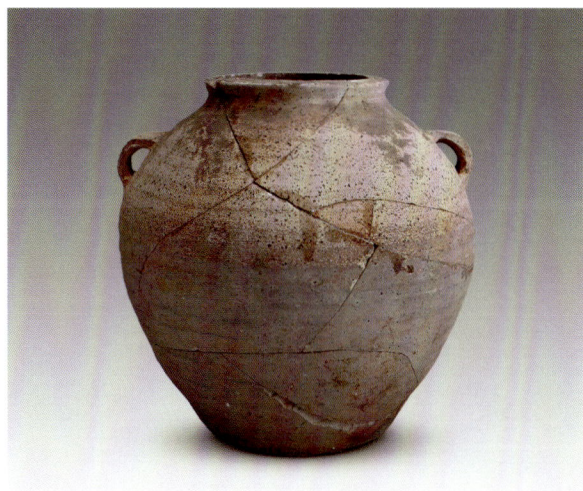

5. M5：16（陶罐）

图 3-23 M5 出土器物

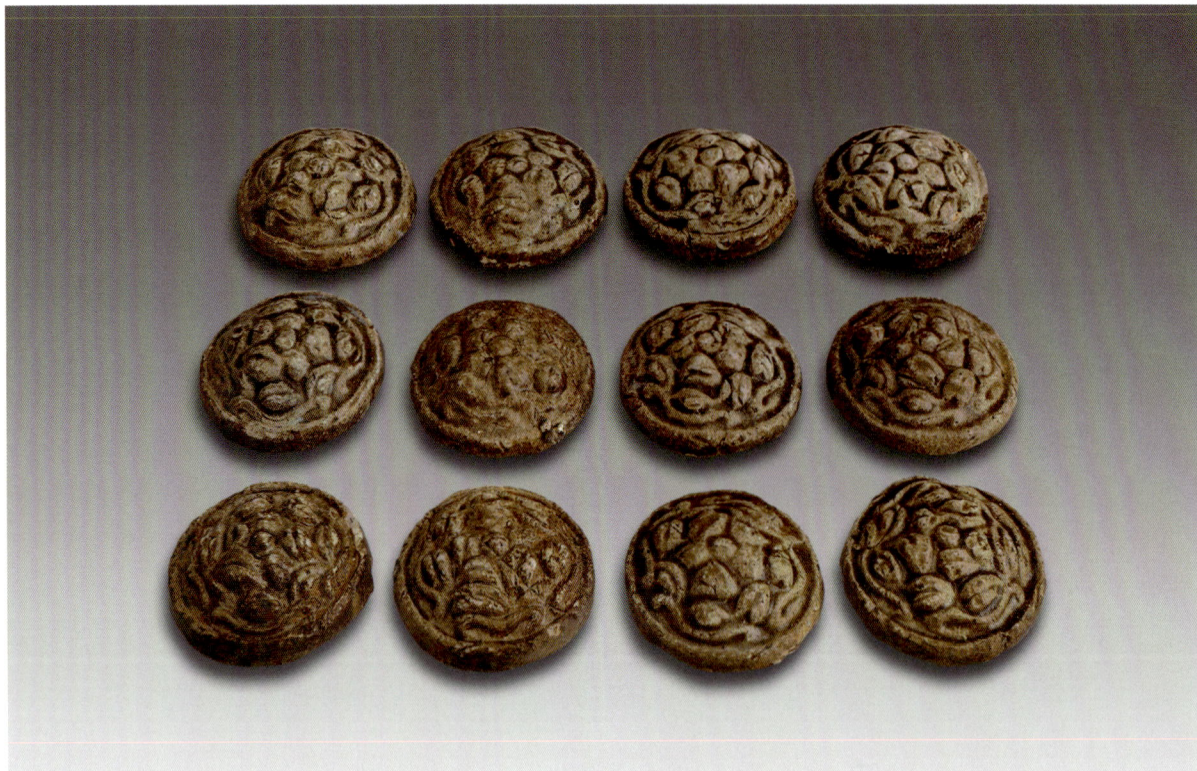

M5：20（原始瓷麟趾金）

图 3-24　M5 出土器物

原始瓷麟趾金

12 枚。M5：20，半球形，球面模印蟠螭纹。浅灰胎，胎体较厚重。表面施釉呈青褐色，局部粘连窑渣。直径 5.8~6、最厚处 1.8~2.2 厘米。（图 3-22：8、图 3-24）

陶钱

若干枚，多粘连、破碎。M5：26，外圆内方，素面无纹。黑色泥陶，陶质较软。直径 2.6、厚 0.7 厘米。

铜钱

16 枚。M5：22，圆形方孔，孔较大，正面穿外无郭，背面穿外有郭。正面穿外篆文"半两"或"五铢"，字体工整。半两钱 11 枚，直径 2.6、厚 0.3 厘米。五铢钱 5 枚，直径 2.6、厚 0.3 厘米。（图 3-25：1）

铜镜

1 枚。M5：21，铭文小镜，残。镜纽呈乳丁状，镜缘较直。锈残，铭文和纹饰分辨不清。

铜印章

1 枚。M5：24，龟纽方形印章，印文为阳文"吴莫如印"。边长 1.7、高 1.7 厘米。（图 3-25：2）

铜带钩

1 件。M5：23，钩体细长，整体呈"~"形，钩尾面鼓，置一椭圆扣形纽。钩身细于钩纽，长而纤细。通体光素无纹。长约 5.2 厘米。（图 3-22：9、图 3-25：3）

1. M5：22（铜钱）

3. M5：23（铜带钩）

4. M5：25（铁环首刀）

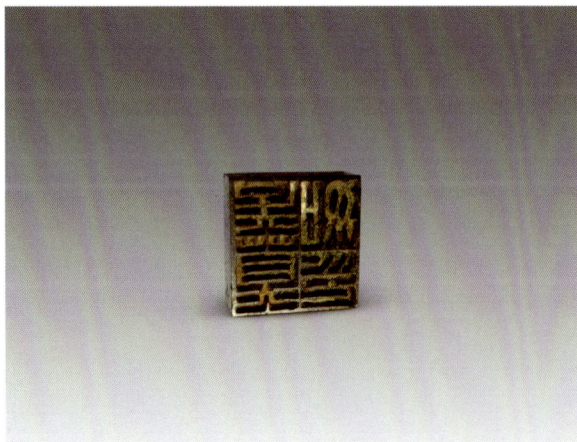

2. M5：24（铜印章）

5. M5：01（石纺轮）

图 3-25　M5 出土及填土采集器物

铁环首刀

1 件。M5：25，残，锈蚀严重。外有刀鞘，可见麻布残片。残长 21.8、厚约 0.7 厘米。（图 3-22：11、图 3-25：4）

石纺轮

1 件，于墓葬填土中采集。M5：01，璧形，紫红色石制。直径 5.4、孔径 1.2、厚 1 厘米。（图 3-22：10、图 3-25：5）

M13

位于发掘区西北部，东北为 M14，西为 M17，东南部被 M12 打破。长方形竖穴土（岩）坑墓，方向 268°。墓口距地表 1.2~1.5 米。墓壁近斜直，底部略内收，修制粗糙，局部可见工具痕。墓口长 3.7、宽 2.2 米，墓底长 3.3、宽 1.7~1.8 米，深 1.3~1.45 米。墓底两端各有一条南北向长约 1.7 米的枕木沟槽，东端沟槽宽 0.15~0.18、深 0.08 米，西端沟槽宽 0.12~0.16、深 0.08~0.1 米，两者间距 1.4 米，未见朽木痕迹。（图 3-26~ 图 3-28）

墓内填土为灰褐色粗砂土，土质较致密，包含较多印纹硬陶，少量红褐色夹砂陶和石块。

该墓保存较好，未发现人骨。出土随葬器物 19 件（组），室内整理时合并为 18 件（组），以陶瓷器为主，器形有壶、瓶、罍、罐、盆、灶等，于墓底南侧呈东西向一字排列。（图 3-29）

原始瓷壶

2 件。形制、大小相近。深盘口，直颈，圆鼓腹，下腹弧收，小平底，圈足。盘口外侧饰水波纹一组，其上凹弦纹一周、其下凹弦纹两周；颈部下端刻水波纹一组，水波纹上下各有弦纹一周；肩部贴附兽首衔环铺首一对并饰凸弦纹三组。口沿、一侧口沿外侧及颈部、肩部施青褐色釉，无釉处呈红褐色。器表有积釉和气泡现象。

M13：1，口径 14、腹径 33、足径 13、高 44 厘米。（图 3-30：1、图 3-31：1）

M13：4，口径 14.6、腹径 33.4、足径 14、高 44 厘米。（图 3-30：2、图 3-31：2）

图 3-26　M13 清理前后

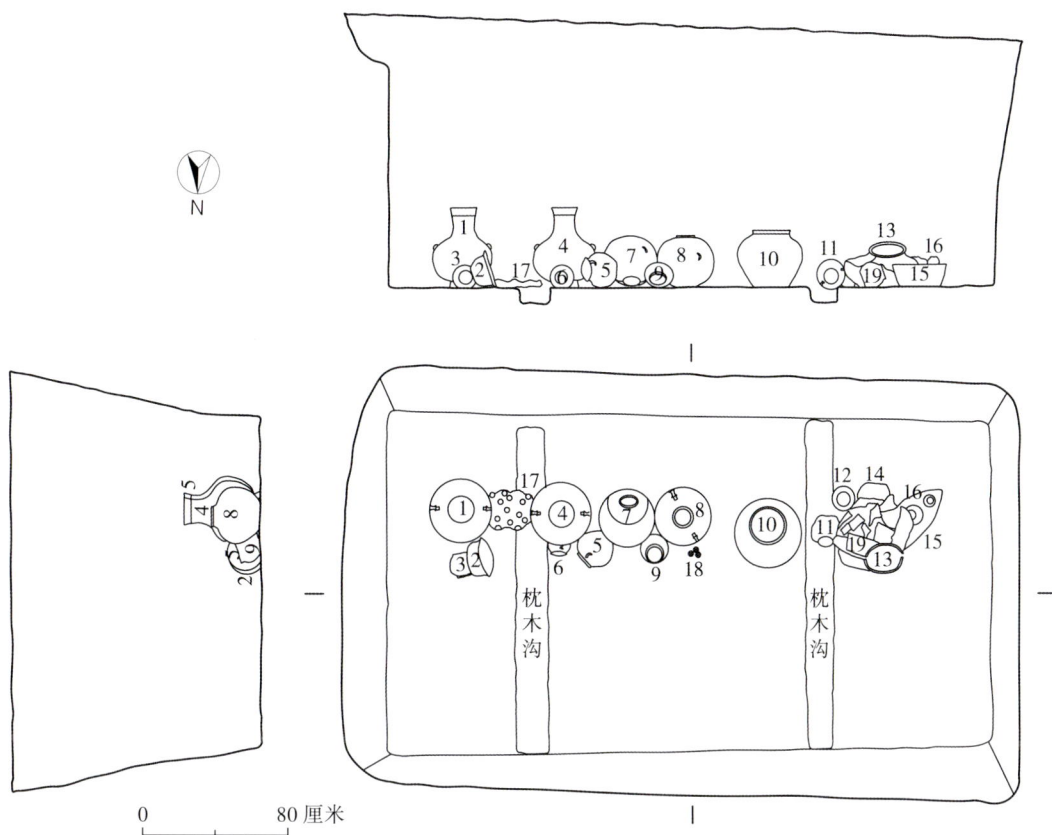

图 3-27　M13 平、剖面图

1.原始瓷壶　2.铜釜　3.陶罐　4.原始瓷壶　5.陶罐　6.陶罐　7.原始瓷瓿　8.原始瓷瓿　9.陶罐　10.陶罍　11.陶罐　12.陶罐
13.陶罍　14.陶罐　15.陶灶体　16.陶瓿、陶釜　17.陶钱　18.铜钱　19.陶罐

图 3-28　M13 墓底枕木沟槽

图 3-29　M13 出土器物组合

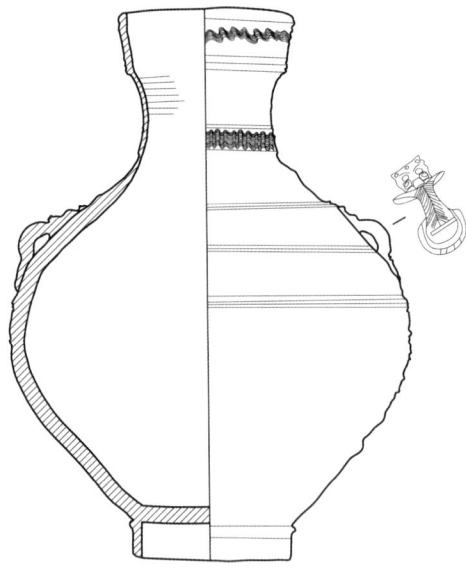

1. M13：1（原始瓷壶）

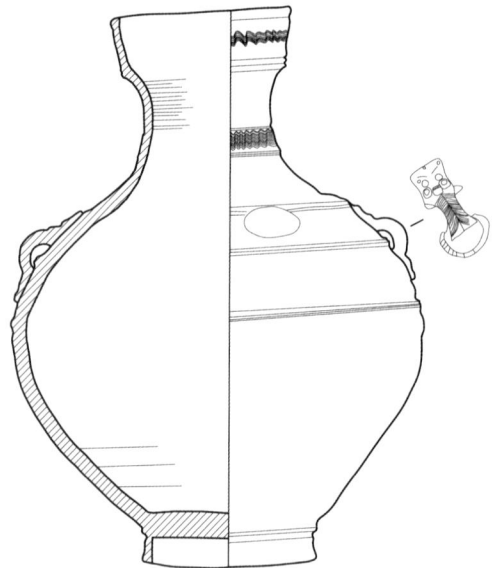

2. M13：4（原始瓷壶）

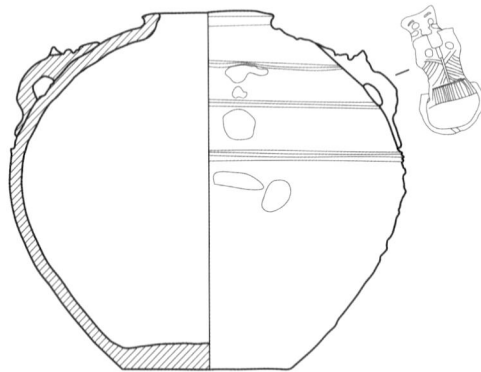

3. M13：7（原始瓷瓿）

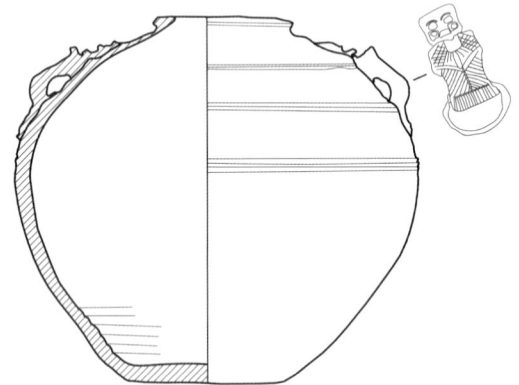

4. M13：8（原始瓷瓿）

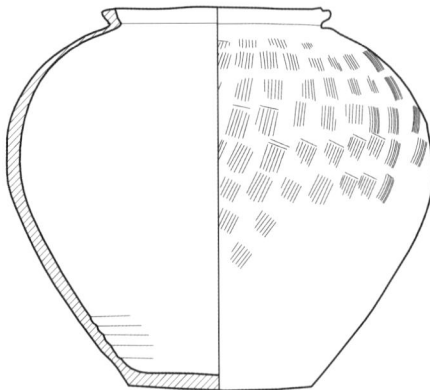

5. M13：10（陶罍）

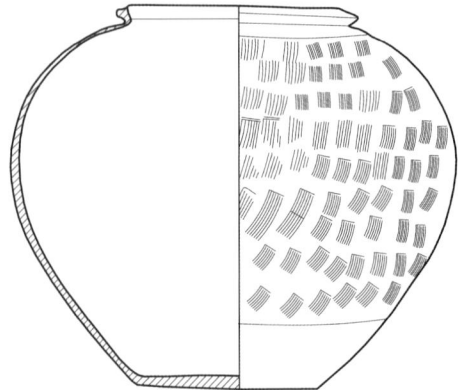

6. M13：13（陶罍）

0   12厘米

图 3-30　M13 出土器物

原始瓷瓿

2 件。形制、大小相近。宽方唇，直口，矮领，溜肩，圆鼓腹，下腹弧收，平底。肩部贴附兽首衔环铺首并等距堆贴凸棱三组，每组三周。胎体坚硬。上腹部、口沿及内底施青褐釉，釉层较厚，凸棱处积釉，下腹无釉处呈红褐色。器表可见较多气泡。

M13：7，口径 11.2、腹径 32.6、底径 14、高 28.3 厘米。（图 3-30：3、图 3-32：1）

M13：8，口径 11.2、腹径 33、底径 13、高 29 厘米。（图 3-30：4、图 3-32：2）

陶罍

2 件。形制、大小相近。尖圆唇，敞口，束颈，圆鼓腹，下腹斜收，小平底。通体拍印栉齿纹，上密下疏。泥质红陶。

1. M13：1（原始瓷壶）　　　　　　　2. M13：4（原始瓷壶）

图 3-31　M13 出土器物

1. M13：7（原始瓷瓿）

2. M13：8（原始瓷瓿）

图 3-32　M13 出土器物

M13：10，口径 19、腹径 35、底径 15、高 30 厘米。（图 3-30：5、图 3-33：1）

M13：13，口径 20、腹径 36.4、底径 14.7、高 30 厘米。（图 3-30：6）

陶罐

8 件。敞口或直口，平底。外腹布满弦纹。均为橘红色胎，胎质较坚硬。

M13：3，圆唇，敞口，圆弧腹，下腹弧收，平底。肩部贴附半环状叶脉纹耳一对，器表通体饰细弦纹。外底生烧呈浅黄色。口径 10.4、腹径 15.8、底径 9、高 12.4 厘米。（图 3-33：2、图 3-34：1）

M13：5，圆唇，敞口，圆弧腹，下腹弧收，平底。肩部贴附半环状叶脉纹耳一对，器表通体饰宽凹弦纹。底部生烧。口径 11.5、腹径 19、底径 12.4、高 15.5 厘米。（图 3-34：3、图 3-35：1）

M13：6，圆唇，敞口，圆弧腹，下腹弧收，平底。肩部贴附半环状耳一对，器表通体饰弦纹。外底生烧呈浅黄色。近底部一侧变形内凹，底部粗糙。口径 8.4、腹径 12.4、底径 7、高 10 厘米。

1. M13：10（陶罍）　　　　　　　　2. M13：3（陶罐）

图 3-33　M13 出土器物

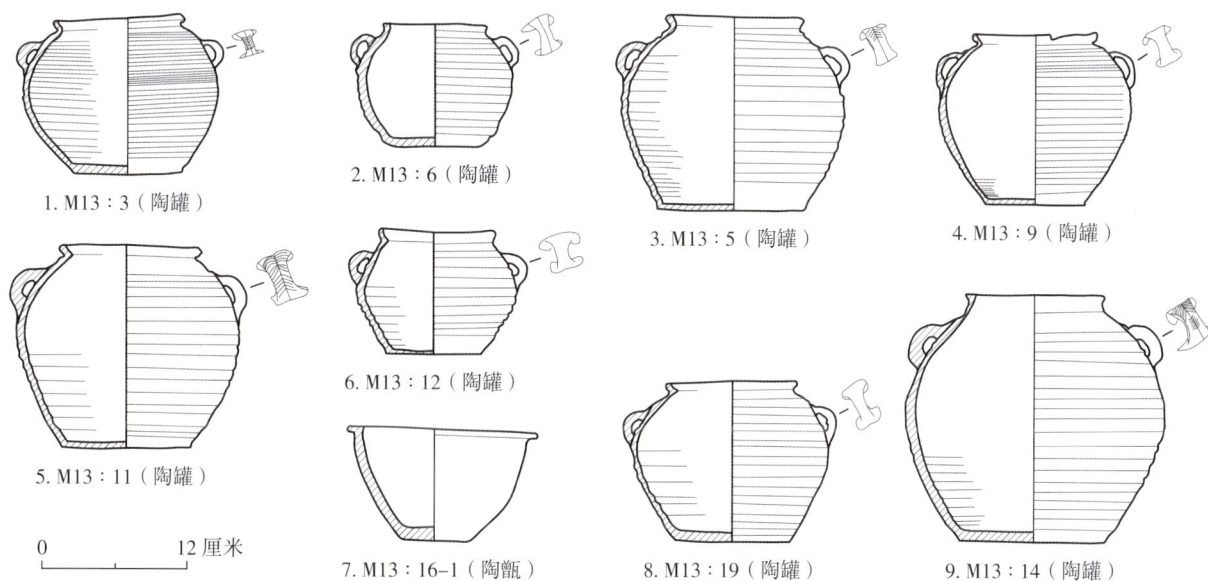

1. M13：3（陶罐）

2. M13：6（陶罐）

3. M13：5（陶罐）

4. M13：9（陶罐）

5. M13：11（陶罐）

6. M13：12（陶罐）

0　　　　　12 厘米

7. M13：16-1（陶甑）

8. M13：19（陶罐）

9. M13：14（陶罐）

图 3-34　M13 出土器物

（图 3-34：2、图 3-35：2）

　　M13：9，圆唇，敞口，圆弧腹，下腹弧收，平底。肩部贴附半环状耳一对，器表通体饰弦纹。胎色较浅。口径 10.2、腹径 16、底径 8.2、高 13.5 厘米。（图 3-34：4）

　　M13：11，圆唇，敞口，圆弧腹，下腹弧收，平底。肩部贴附半环状耳一对，器表通体饰弦纹。底部生烧。口径 11.6、腹径 18.4、底径 10.5、高 16.4 厘米。（图 3-34：5、图 3-35：3）

　　M13：12，圆唇，敞口，圆弧腹，下腹弧收，平底。肩部贴附半环状叶脉纹耳一对，器表通体饰弦纹。略变形。口径 9.4、腹径 13、底径 8、高 10 厘米。（图 3-34：6、图 3-35：4）

　　M13：19，圆唇，敞口，圆弧腹，下腹弧收，平底。肩部贴附半环状耳一对，器表通体饰弦纹。

1. M13：5（陶罐）   2. M13：6（陶罐）

3. M13：11（陶罐）   4. M13：12（陶罐）

图 3-35　M13 出土器物

底部生烧。口径 11、腹径 16.4、底径 9.6、高 13.1 厘米。（图 3-34：8）

  M13：14，方唇，直口，弧肩，圆弧腹，下腹弧收，平底。肩部贴附半环状叶脉纹耳一对，器表通体饰弦纹。胎体较厚重。罐身一侧及耳部有灰褐色涂层。口径 11.4、腹径 21.3、底径 12、高 19.8 厘米。（图 3-34：9、图 3-36：1）

  陶灶

  1 件。M13：15、16，由灶体和其上的釜、甑两部分组成。均为泥质灰陶，胎质较软。（图 3-36：2）

  陶灶体　M13：15，平面呈前端平齐、后端钝尖、中部较宽的船形。灶面略呈前低后高的斜面，前端设灶门，后端开有出烟孔。灶面设中间大、前后小的三个圆形灶眼。底作敞开式，无底面。中部灶眼置上下相叠的一甑一釜，后端灶眼置一釜。长 42、高 10.5 厘米。

  陶甑　1 件。M13：16-1，敞口，平折沿，斜弧腹，小平底，底部有镂孔。素面无纹。口径 16、底径 5、高 9 厘米。（图 3-34：7）

1. M13：14（陶罐）

2. M13：15、16（陶灶）出土情况

3. M13：18（铜钱）

4. M13：2（铜釜）出土情况

图 3-36　M13 出土器物

陶釜　2 件。敛口，鼓腹，平底。M13：16-2，口径 5、高 6.5 厘米。M13：16-3，口径 7.5、高 10 厘米。

陶钱

数枚。M13：17，圆形方孔。灰黑色泥质软陶。直径 2.5、厚 3 厘米。

铜钱

3 枚。M13：18，五铢钱，一枚完整，另两枚粘连。圆形方孔，孔较大，正面穿外无郭，背面穿外有郭。正面穿外篆文"五铢"，字体工整。直径 2.5、厚 0.2 厘米。（图 3-36：3）

铜釜

1 件。M13：2，折沿，弧腹，底部内凹。素面无纹饰。器壁较薄，破损较严重。口径 20、高 11 厘米。（图 3-36：4）

M17

位于发掘区西北部,东邻 M12、M13。长方形竖穴土(岩)坑墓,方向 265°。墓口距地表 0.8~1.2 米。墓坑修制较粗糙,墓壁近直,下部微收。墓口长 3.16、宽 1.88 米,墓底长 3.04、宽 1.7 米,深 0.9~1.2 米。(图 3-37、图 3-38)

墓内填土为灰褐色粗砂土,土质较粗疏,包含较多硬陶残片、少量红褐色夹砂鼎足以及碎石。

该墓保存较好,人骨无存。出土随葬器物 27 件(组),室内整理时合并为 24 件(组),5 件陶罐位于墓葬西端土台,其余器物在墓底南侧呈东西向一字排列。

陶鼎

2 件。形制、大小相近,盖、身合烧。覆钵形盖,平底略凹,平沿。鼎身子口内敛,曲腹,平底。口部贴附长方形立耳一对,双耳上翘,顶端略高于口沿,模印兽纹,中间有长方形竖孔。泥质红陶,胎体较坚硬。叠烧,盖顶中部及盖身下部呈红色,盖周及鼎身上部呈灰褐色,可能为涂层。

M17:8、9,盖径 15.4、口径 13.4、底径 9.8、通高 12.6 厘米。(图 3-39:1、图 3-40:1)

M17:10、27,盖顶有刮抹痕,鼎身为叠烧。盖径 16、口径 14、底径 10.4、通高 13 厘米。(图 3-39:2、图 3-40:2)

陶盒

2 件。形制、大小相近,盖、身合烧。覆钵形盖,平顶,平沿。盒身子口内敛,曲腹,平底。泥质红陶,胎体较坚硬,整体胎色因生烧呈橘红色。叠烧,盖顶中部及盖身下部呈红色,盖周及

图 3-37 M17 清理后

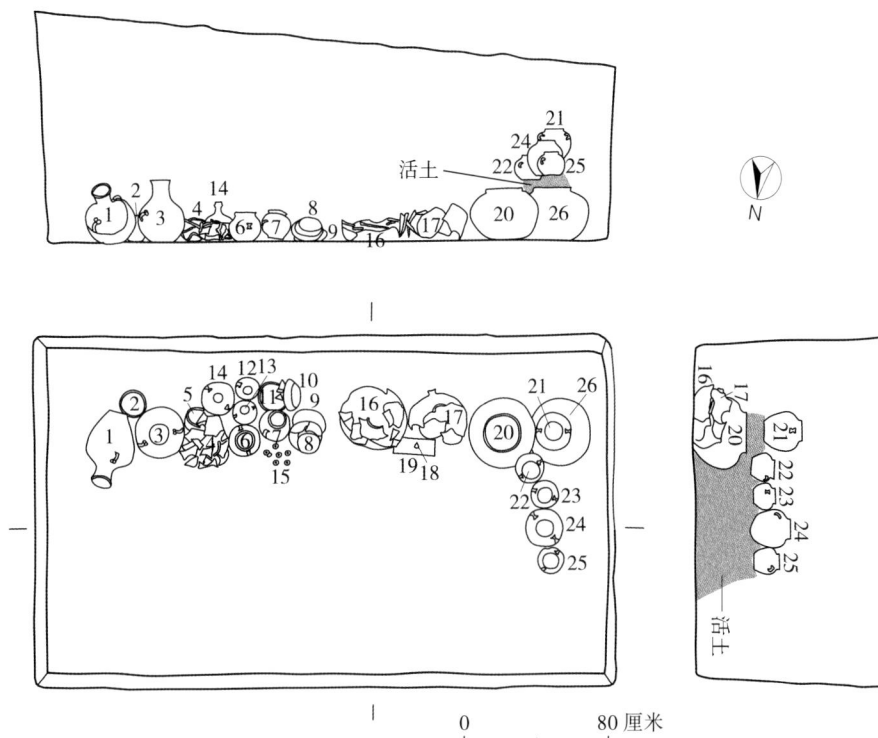

图 3-38 M17 平、剖面图

1. 原始瓷壶 2. 陶盒 3. 原始瓷壶 4. 陶罐 5. 陶盒身 6. 陶罐 7. 陶罐 8. 陶鼎身 9. 陶鼎盖 10. 陶鼎盖 11. 陶盒盖 12. 原始瓷壶 13. 原始瓷壶 14. 原始瓷壶 15. 铜钱 16. 原始瓷瓿 17. 原始瓷瓿 18. 石镞 19. 陶瓦 20. 陶罍 21. 陶罐 22. 陶罐 23. 陶罐 24. 原始瓷壶 25. 陶罐 26. 陶壶 27. 陶鼎身（27 叠压在 11 下）

盒身上部呈灰褐色，可能为涂层。

M17：2，盖径 16、口径 15、底径 10.2、通高 12.6 厘米。（图 3-39：3、图 3-40：3）

M17：5、11，盖径 16.2、口径 15.6、底径 9.8、通高 12 厘米。（图 3-39：4、图 3-40：4）

原始瓷壶

6 件，可分为 4 类。

敞口壶 2 件。圆唇，敞口（有向盘口发展的趋势），直颈，圆鼓腹，下腹斜收，矮圈足。口沿外侧及颈部偏下各有水波纹一组，水波纹上下各有凹弦纹一周；肩部贴附半环状叶脉纹耳一对。浅灰胎，胎体较坚硬。肩部、口沿及口沿内侧见青黄色釉迹，釉层剥落，颈部及下腹部无釉处呈灰褐色。外底可见红褐色火烧痕。

M17：1，口径 12.4、腹径 28.3、足径 14.2、高 36.9 厘米。（图 3-39：5、图 3-41：1）

M17：3，口径 12.8、腹径 28.8、足径 14.6、高 36.9 厘米。（图 3-39：6、图 3-41：2）

敞口小壶 2 件。口沿略变形。圆唇，敞口，束颈，溜肩，扁鼓腹，下腹斜收，平底。肩部贴附半环状叶脉纹耳一对并饰凹弦纹一周。灰胎，胎体较坚硬。肩部及口沿内侧、内底施釉，呈青褐色，剥釉严重，局部有垂釉现象。外底不平整，呈黑褐色，近底部的火烧痕呈倾斜状。

M17：12，口径 4.8、腹径 12、底径 6.6、残高 13.8 厘米。（图 3-39：7、图 3-42：1）

M17：13，口径 4.8、腹径 12.3、底径 6.6、残高 13 厘米。（图 3-39：8、图 3-42：2）

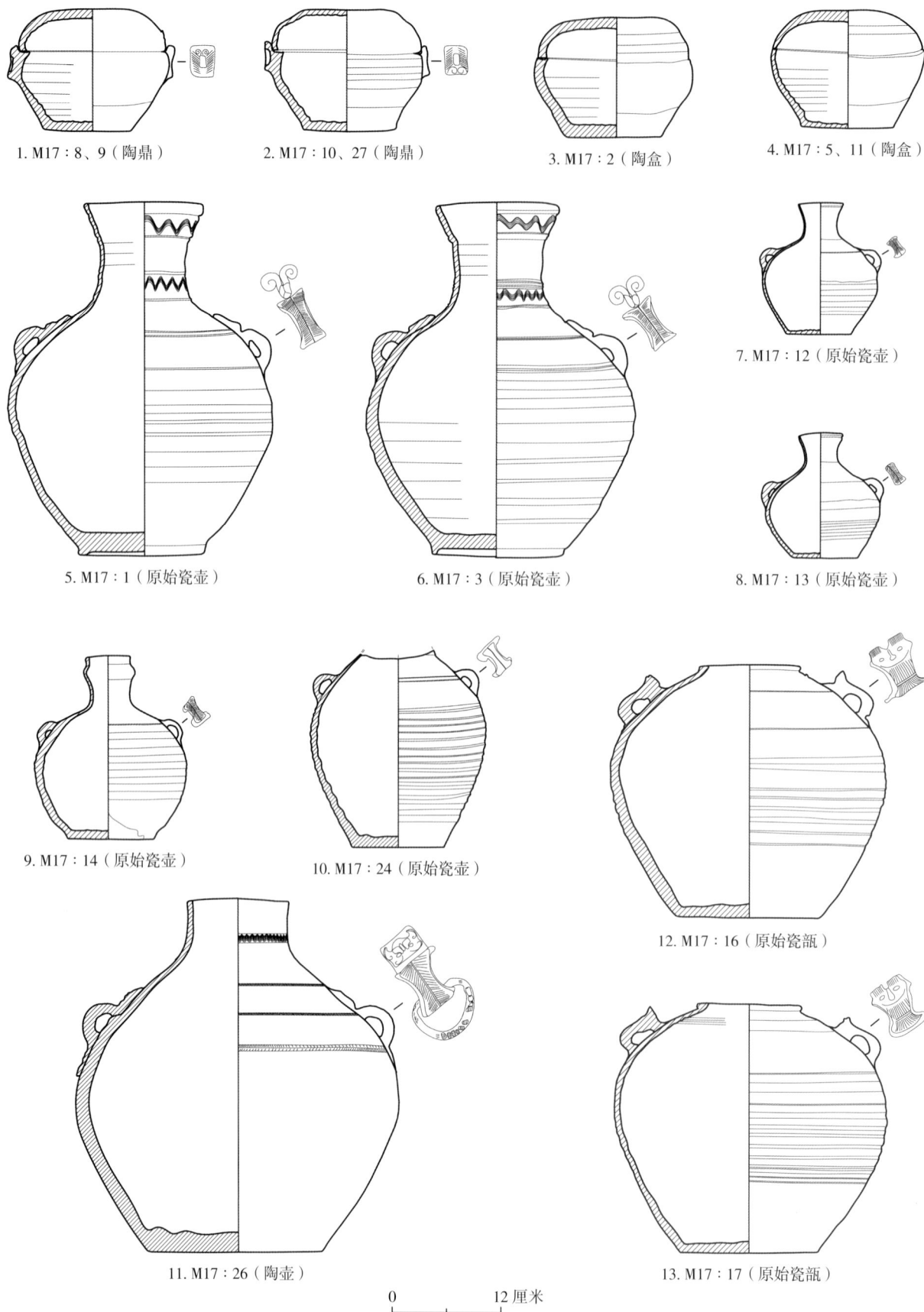

1. M17：8、9（陶鼎）　　2. M17：10、27（陶鼎）　　3. M17：2（陶盒）　　4. M17：5、11（陶盒）

5. M17：1（原始瓷壶）　　6. M17：3（原始瓷壶）　　7. M17：12（原始瓷壶）

8. M17：13（原始瓷壶）

9. M17：14（原始瓷壶）　　10. M17：24（原始瓷壶）　　12. M17：16（原始瓷瓿）

11. M17：26（陶壶）　　13. M17：17（原始瓷瓿）

0　　　　12厘米

图 3-39　M17 出土器物

1. M17：8、9（陶鼎）

2. M17：10、27（陶鼎）

3. M17：2（陶盒）

4. M17：5、11（陶盒）

图 3-40　M17 出土器物

1. M17∶1（原始瓷壶）　　　　　　　　　　2. M17∶3（原始瓷壶）

图 3-41　M17 出土器物

1. M17:12（原始瓷壶）

2. M17:13（原始瓷壶）

3. M17:14（原始瓷壶）

4. M17:24（原始瓷壶）

图 3-42 M17 出土器物

蒜头壶 1件。M17:14,蒜头形小口,长直颈,球腹,平底。肩部贴附半环状耳一对。浅灰胎。肩部、口沿、口沿内侧及内底有青褐釉,釉层不均,一侧剥釉,无釉处呈红褐色。腹部露胎处两侧可见近黑色的过烧痕。口径 4.8、腹径 16.2、底径 9.5、高 19.2 厘米。(图 3-39:9、图 3-42:3)

其他 1件。M17:24,口残,斜肩,弧腹,腹部较长,下腹斜收,平底。肩部贴附半环状叶脉纹耳一对并饰弦纹两周,下腹通体饰弦纹。深灰胎,胎体较坚硬。肩部及内底隐见青黄色釉迹,剥釉,无釉处呈灰褐色,外底色深近黑。腹径 19、底径 10、残高 20 厘米。(图 3-39:10、图 3-42:4)

陶壶

1件。M17:26,口残,直颈,斜肩,圆鼓腹,平底,矮圈足。颈部有水波纹一组;肩部贴附兽首衔环铺首一对并饰绳索状凸棱三周,耳部饰叶脉纹。红陶,胎体较坚硬。肩部、口沿及口

1. M17:26(陶壶)

2. M17:16(原始瓷瓿)

3. M17:17(原始瓷瓿)

4. M17:20(陶罍)

图 3-43 M17 出土器物

沿内侧表面似有灰褐色涂层。口径 11、腹径 34.8、足径 19.4、高 36.6 厘米。（图 3-39：11、图 3-43：1）

原始瓷瓿

2 件。形制、大小相近。方唇，直口，溜肩，鼓腹，平底略内凹。肩部贴附兽面耳一对并饰凹弦纹，耳上翘，顶端低于口沿。灰胎，胎体较坚硬。口沿至肩部以上可见青黄色釉迹，釉层剥落，下腹无釉处呈红褐色。

M17：16，口径 11、腹径 29.6、底径 15.6、高 26.4 厘米。（图 3-39：12、图 3-43：2）

M17：17，口径 11、腹径 28.6、底径 14.6、高 25.8 厘米。（图 3-39：13、图 3-43：3）

陶罍

1 件。M17：20，方唇，侈口，圆鼓腹，下腹斜收，平底。通体拍印栉齿纹。泥质红陶，胎质较坚硬，上腹一侧呈浅灰色。口径 20.4、腹径 38.4、底径 16.2、高 31.8 厘米。（图 3-43：4、图 3-44：1）

陶罐

7 件。均为双耳罐，按口部分方唇直口和圆唇敞口两种。

方唇，直口或直口微敞　4 件。

M17：4，方唇，直口，圆鼓腹，平底。肩部贴附半环状叶脉纹耳一对，器身通体饰旋纹。胎

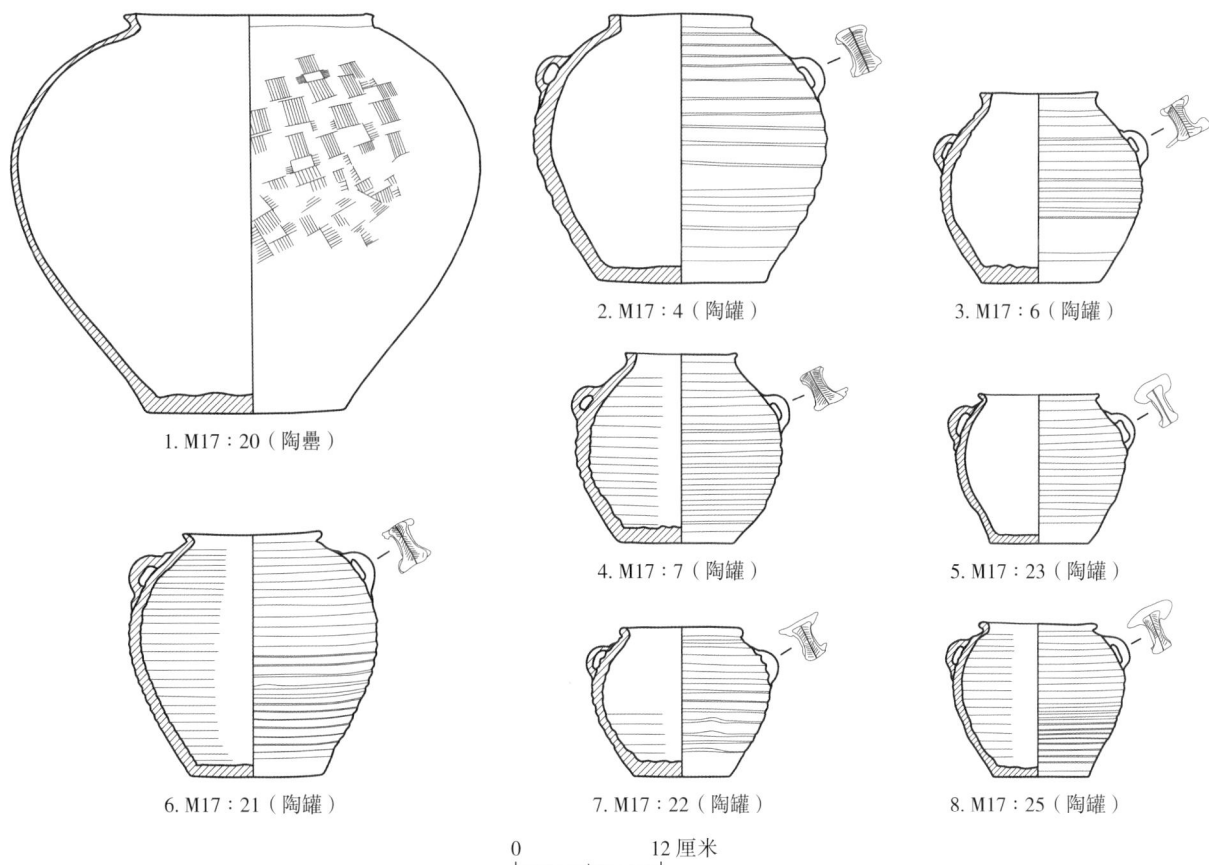

1. M17：20（陶罍）
2. M17：4（陶罐）
3. M17：6（陶罐）
4. M17：7（陶罐）
5. M17：23（陶罐）
6. M17：21（陶罐）
7. M17：22（陶罐）
8. M17：25（陶罐）

0　　　　12 厘米

图 3-44　M17 出土器物

呈橘红色。口径 11.6、腹径 24、底径 14、高 21.3 厘米。（图 3-44：2）

M17：6，方唇，口沿微敞，溜肩，圆腹，平底。肩部贴附半环状叶脉纹耳一对，器身内外通体可见旋纹。浅灰胎，局部因生烧呈橘红色，口沿外侧及腹部为灰褐色涂层。口径 9.8、腹径 16.6、底径 10.2、高 15 厘米。（图 3-44：3、图 3-45：1）

M17：7，方唇，口沿微敞，溜肩，圆腹，平底。肩部贴附半环状叶脉纹耳一对，器身通体饰旋纹。胎呈橘红色，器表局部呈浅灰色。口径 9.4、腹径 17、底径 9.6、高 15 厘米。（图 3-44：4、图 3-45：2）

M17：23，方唇，直口外敞，溜肩，弧腹，下腹斜收，平底。肩部贴附半环状叶脉纹耳一对，器身通体饰旋纹，局部模糊。胎呈橘红色，胎质发软。口径 10、腹径 14、底径 8.4、高 12 厘米。（图 3-44：5、图 3-45：3）

圆唇敞口　3 件。

M17：21，圆唇，敞口，溜肩，弧腹，下腹斜收，平底。肩部贴附半环状叶脉纹耳一对，器身内外通体可见旋纹。胎呈橘红色。口径 11.4、腹径 20、底径 11、高 19.2 厘米。（图 3-44：6、图 3-46：1）

M17：22，圆唇，敞口，溜肩，弧腹，下腹斜收，平底。肩部贴附半环状叶脉纹耳一对，器身通体饰旋纹。浅橘黄色泥陶。口径 10、腹径 14.6、底径 8.4、高 12 厘米。（图 3-44：7、图 3-46：3）

M17：25，圆唇，敞口，溜肩，弧腹，下腹斜收，平底。肩部贴附半环状叶脉纹耳一对，器身通体饰旋纹。胎呈橘红色，胎体较坚硬。口径 9.8、腹径 14.2、底径 8、高 12.2 厘米。（图 3-44：8、图 3-46：2）

陶瓦

1 件。M17：19，刀形，两侧略内弧。两

1. M17：6（陶罐）

2. M17：7（陶罐）

3. M17：23（陶罐）

图 3-45　M17 出土器物

1. M17：21（陶罐）

2. M17：25（陶罐）

3. M17：22（陶罐）

4. M17：19（陶瓦）

图 3-46　M17 出土器物

1. M17：15（铜钱）出土情况

2. M17：18（石镞）

图 3-47　M17 出土器物

图 3-48　M18 清理后

面拍印方格纹，背面纹饰模糊。灰胎泥陶。长22.5、宽 11、厚 1.2 厘米。（图 3-46：4）

铜钱

14 枚。M17：15，圆形方孔，部分粘连。大泉五十钱 5 枚，双面穿外出郭，边缘较厚。正面穿外篆文"大泉五十"。直径 2.7、厚 0.25 厘米。五铢钱 9 枚，较大泉五十钱略小，正面穿外无郭，背面穿外有郭。正面穿外篆文"五铢"。直径 2.5、厚 0.15 厘米。（图 3-47：1）

石镞

1 件。M17：18，残，仅存尖部。四棱锥状，镞尖锋利，两面有脊，中间厚，两侧薄。页岩磨制而成。残长 2.2、宽 1.4、厚 0.4 厘米。（图3-47：2）

M18

位于发掘区西北，西邻 M14。长方形竖穴土（岩）坑墓，方向 268°。墓葬保存较完整，墓口距地表 1.45 米。墓坑修制粗糙，墓壁近斜直，底部略内收，局部可见工具痕。墓长 3、宽 1.5、深 0.41~0.62 米。墓底两端各有一条南北向长约 1.5 米的枕木沟槽，东端沟槽宽 0.18、深 0.07 米，西端沟槽宽 0.18、深 0.05 米，两者间距 1.38 米，未见朽木痕迹。（图 3-48、图 3-49）

墓内填土为灰褐色粗砂土，土质较致密，包含较多印纹硬陶，少量红褐色夹砂陶和石块。

该墓保存较好，发现人骨 1 具，头东向，仰身直肢，残长 1.42 米。出土随葬器物 15 件（组），除铜镜位于人骨颈部北侧，其余器物均于人骨北侧呈东西向一字排列。（图 3-50）

战国原始瓷碗

1 件。M18：5，母口，口沿外翻，折腹，下腹斜收，平底略内凹。内底有细旋纹。浅灰胎。通体施釉，呈青褐色，釉层不均。外底露胎并见切割痕。口径 9.5、底径 5.8、高 3 厘米。（图3-51：11、图 3-52：1）

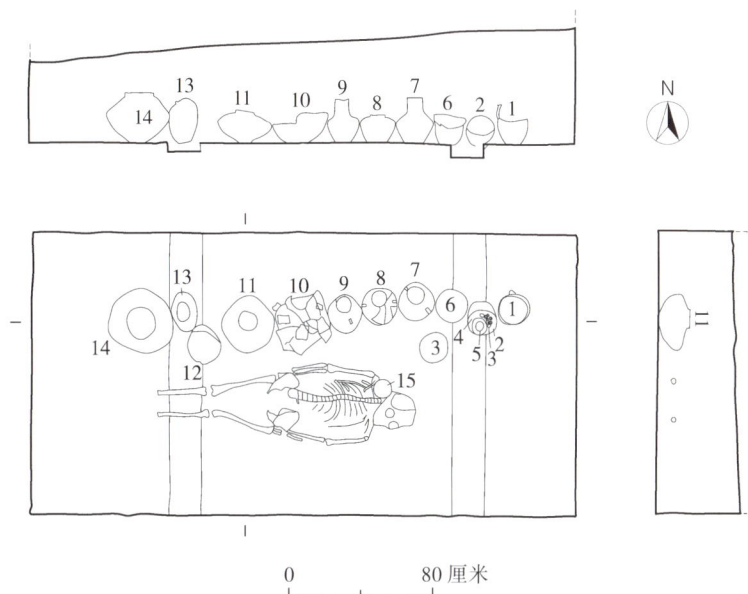

图 3-49 M18 平、剖面图

1.原始瓷鼎 2.原始瓷盒 3.铜钱 4.铜镜 5.战国原始瓷碗 6.原始瓷盒 7.原始瓷壶 8.陶罐 9.原始瓷壶 10.原始瓷瓿 11.原始瓷瓿 12.原始瓷鼎 13.陶罐 14.陶罍 15.铜镜

图 3-50 M18 人骨及出土器物组合

原始瓷鼎

2件。覆钵形盖，平顶，盖面等距贴附三个角纽。鼎身子口内敛，深弧腹，平底，下承三蹄足。口部贴附长方形立耳一对，双耳上部外翻，顶端高于口沿，中间有长方形竖孔。双耳及蹄足均模印有纹饰，外腹偏上有折棱一条。浅灰胎。盖面、口沿外侧、耳部朝上处以及凸棱处均可见青黄釉，剥釉严重。

M18:1，外底及外壁近底处一侧呈红褐色。盖径17、口径15、底径10.4、通高20.3厘米。（图3-51:1、图3-53:1）

M18:12，内壁可见气泡，外底过烧。盖径17、口径15.3、底径12.4、通高19.2厘米。（图3-51:2、图3-53:2）

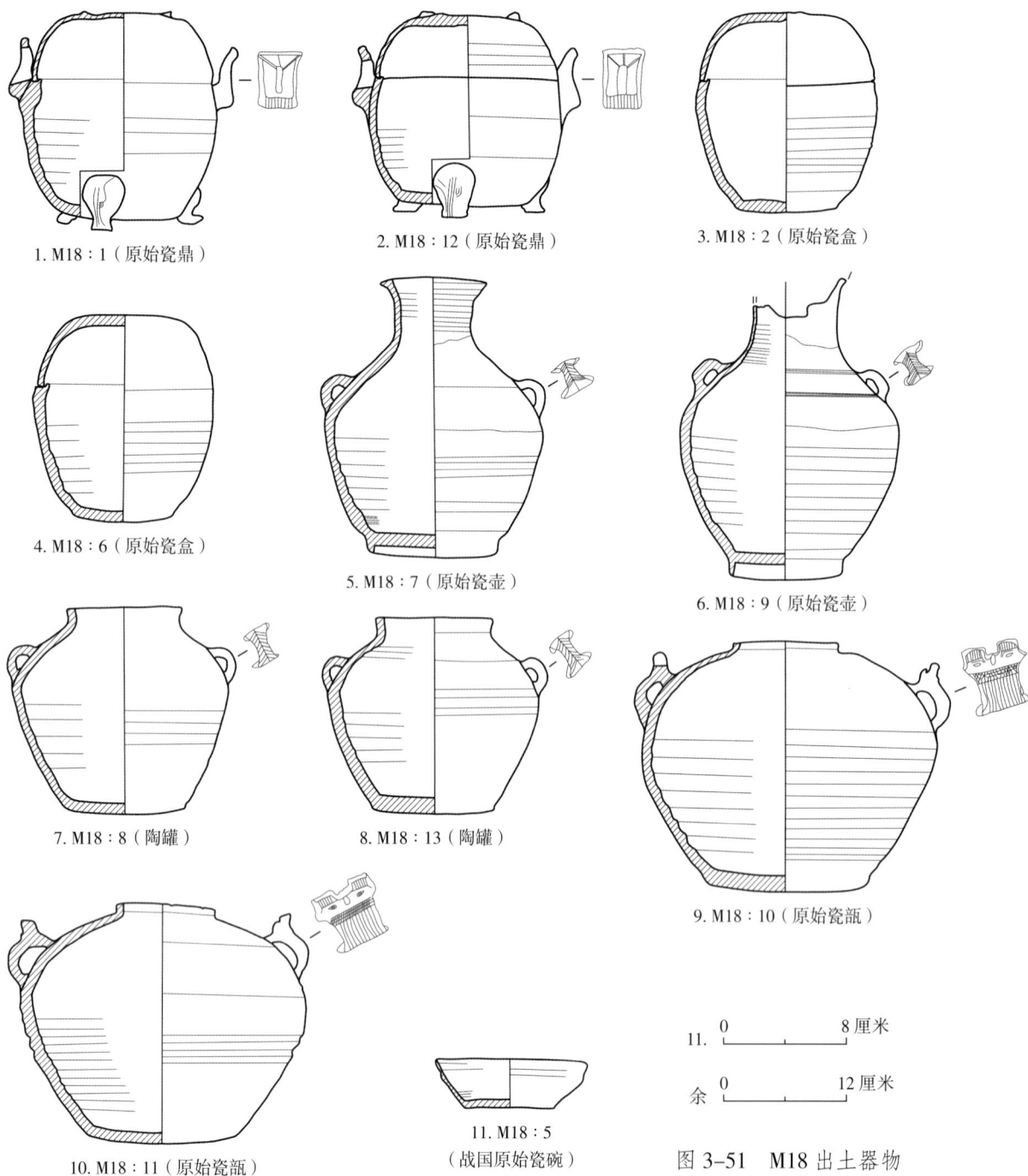

1. M18:1（原始瓷鼎）　　2. M18:12（原始瓷鼎）　　3. M18:2（原始瓷盒）

4. M18:6（原始瓷盒）

5. M18:7（原始瓷壶）

6. M18:9（原始瓷壶）

7. M18:8（陶罐）　　8. M18:13（陶罐）

9. M18:10（原始瓷瓿）

10. M18:11（原始瓷瓿）

11. M18:5
（战国原始瓷碗）

11. 0 ⊢———⊣ 8 厘米

余 0 ⊢———⊣ 12 厘米

图 3-51　M18 出土器物

原始瓷盒

2 件。盖、身合烧。覆钵形盖，平顶，顶部饰凸弦纹一周。盒身敛口，深弧腹，平底。浅灰胎，胎体坚硬。盖面施草黄色釉，剥釉严重。口沿可见釉迹和粘连痕。

M18:2，盖顶部饰凹弦纹一周。盒身外底及外壁一侧可见红褐色火烧痕。盖径 16.8、口径 14.6、底径 9.7、通高 18.8 厘米。（图 3-51：3、图 3-52：2）

M18:6，腹部有气泡，外底过烧。盖径 16.6、口径 15.2、底径 9.5、通高 19.4 厘米。（图 3-51：4、图 3-52：3）

2. M18：2（原始瓷盒）

1. M18：5（战国原始瓷碗）

3. M18：6（原始瓷盒）

图 3-52　M18 出土器物

1. M18:1（原始瓷鼎）

2. M18:12（原始瓷鼎）

图 3-53　M18 出土器物

原始瓷壶

2 件。

M18：7，方唇，敞口，束颈，溜肩，鼓腹，下腹斜收，圈足。肩部贴附半环状叶脉纹耳一对并刻划凹弦纹一周。灰胎。口沿、口沿内侧、肩部、内底施釉，呈草黄色，无釉处呈灰黄色。外底红褐色火烧痕呈倾斜状。口径 10.2、腹径 21、足径 10.6、高 26 厘米。（图 3-51：5、图 3-54：1）

M18：9，口残，束颈，溜肩，弧腹，下腹弧收，圈足。肩部贴附半环状叶脉纹耳一对，耳上下各有凹弦纹一组。灰胎。口沿、肩部、口沿内侧及内底有釉，呈青黄色，剥釉严重。腹部可见拉坯形成的旋纹，近底部可见拼接痕，外底过烧呈红褐色。腹径 21、足径 10.6、残高 28 厘米。（图 3-51：6、图 3-54：2）

1. M18：7（原始瓷壶）

2. M18：9（原始瓷壶）

图 3-54　M18 出土器物

原始瓷瓿

2件。形制、大小相近。方唇，直口，矮领，溜肩，鼓腹，下腹斜收，小平底。肩部贴附兽面耳一对，耳上翘，顶端低于口沿。灰胎，胎体较厚重。肩部釉层剥落，外底生烧。腹部可见拉坯形成的旋纹，外壁近底处可见拼接痕。

M18：10，下腹部一侧呈灰褐色。口径10、腹径28.2、底径15、高23.2厘米。（图3-51：9、图3-55：1）

M18：11，口径9.6、腹径27.5、底径14.6、高22.2厘米。（图3-51：10、图3-55：2）

陶罍

1件。M18：14，未修复。方唇，直口，矮领，溜肩，鼓腹，下腹斜收，圜底中部内凹。下腹部及底施绳纹。泥质灰陶，胎体厚重，胎质较软。口径14.1厘米。

1. M18：10（原始瓷瓿）

2. M18：11（原始瓷瓿）

图3-55　M18出土器物

陶罐

2 件。形制、大小相近，方唇，直口，矮领，弧肩，鼓腹，下腹弧收，平底。肩腹贴附半环状叶脉纹耳一对，腹部可见旋纹。胎呈橘红色，局部呈灰色，似为灰色涂层。下腹近底处可见拼接痕。

M18：8，口径 11、腹径 21、底径 11.6、高 19 厘米。（图 3-51：7、图 3-56：1）

M18：13，肩部饰凹弦纹一周，腹部可见旋纹。口径 11.5、腹径 20.4、底径 11.6、高 18.2 厘米。（图 3-51：8、图 3-56：2）

铜钱

21 枚。M18：3，圆形方孔。五铢钱 19 枚，正面穿外无郭，背面穿外有郭。正面穿外篆文"五铢"，字体工整。直径 2.5、厚 0.2 厘米。半两钱 2 枚，两面均平而无郭。一面穿外篆文"半两"。直径 2.3、厚 0.1 厘米。（图 3-56：3）

1. M18：8（陶罐）

2. M18：13（陶罐）

3. M18：3（铜钱）

4. M18：4（铜镜）残片

图 3-56　M18 出土器物

M18：15（铜镜）

图 3-57　M18 出土器物

铜镜

2 件。

M18：4，残。纹饰可辨有连弧纹。（图 3-56：4）

M18：15，圆形，弦纽，蟠螭纹纽座，素卷缘。纽座外依次为铭文带、短斜线纹一周，短斜线纹之外为蟠螭纹一周，再其外另有短斜线纹一周，以上几组纹饰之间分别以一周凸弦纹相隔。铭文共十一字，内容为"大乐□□千秋万岁宜酒食"。镜面平，整体漆黑光亮，表面泛金属光泽。直径 7.5、厚 0.4~0.67 厘米。（图 3-57）

M19

位于发掘区中部，南邻 M5，西部被 M1 打破，仅存东端一部分。长方形竖穴土（岩）坑墓，方向 253°。墓口距地表 0.3~0.4 米。墓坑修制较粗糙，墓壁近直，下部微收。墓口残长 1.26~1.36、宽 1.8 米，墓底残长 1.3、宽 1.7 米，深 1.4 米。墓底残存一条南北向枕木沟槽，长 1.7、宽 0.2~0.23、深 0.03~0.06 米，未见朽木痕迹。（图 3-58、图 3-59）

墓内填土为灰褐色粗砂土，土质较粗疏，包含少量陶片、碎石及植物根茎。

后期扰乱较严重，人骨无存。出土随葬器物 9 件，室内整理时合并为 8 件（组），器形有鼎、盒、瓿、罍、罐、灶等，均位于墓底北侧。

陶鼎

1 件。M19：3、6，覆钵形盖，弧盖面顶部略平。鼎身子口内敛，斜弧腹，平底。口部贴附长方形立耳一对，双耳上翘，顶端略高于口沿，中间有长方形竖孔，孔周模印放射状纹饰。泥质红陶，胎体较坚硬，盖面及外腹表面呈浅灰色，底部呈砖红色。盖径 18.8、口径 15.6、底径 11.7、通高 15 厘米。（图 3-60：1、图 3-61：1）

陶盒

1 件。M19：5，覆钵形盖，弧盖面顶部略平。盒身子口内敛，斜弧腹，平底。盒身通体饰弦纹，内底不平整。泥质红陶，胎体较坚硬，盖面及外腹表面呈浅灰色，底部呈砖红色。盖径 19、口径 15.6、底径 11.4、通高 17.1 厘米。（图 3-60：2、图 3-61：2）

图 3-58　M19 清理前后

图 3-59　M19 平、剖面图

1. 陶灶　2. 陶罐　3. 陶鼎盖　4. 陶罐　5. 陶盒　6. 陶鼎身　7. 陶罍　8. 原始瓷瓿　9. 陶罐

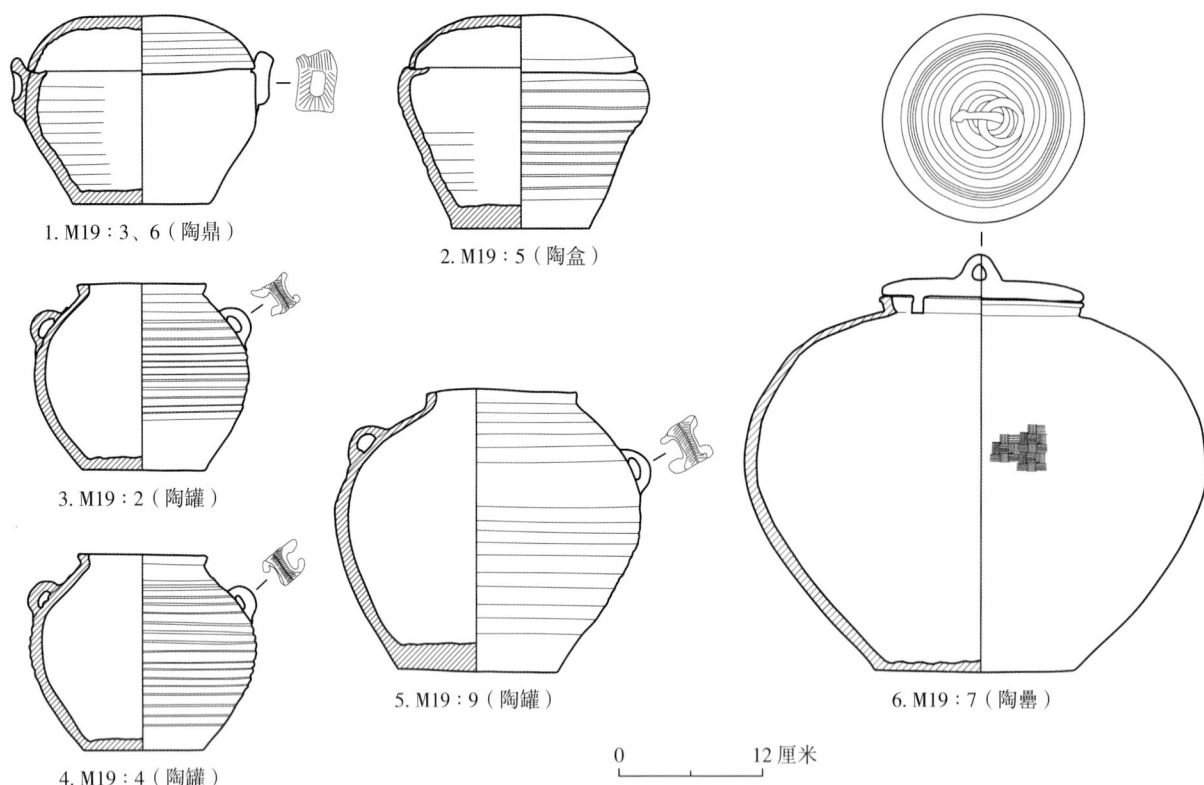

1. M19：3、6（陶鼎）

2. M19：5（陶盒）

3. M19：2（陶罐）

4. M19：4（陶罐）

5. M19：9（陶罐）

6. M19：7（陶罍）

0   12 厘米

图 3-60   M19 出土器物

原始瓷瓿

1件。M19：8，破损严重，未能修复。

陶罍

1件。M19：7，硬陶罍，有盖，盖为原始瓷。平盖面略弧，子口，盖顶贴附环纽，环纽一侧有一圈黑褐色圆环痕相扣，其上隐见粘连痕。器身方唇，敞口，圆鼓腹，下腹急收，小平底。盖面饰两组凹弦纹，罍身通体拍印席纹。器盖为灰胎，表面釉层完全脱落；器身为灰胎，胎体较厚重。盖径10、口径16.8、腹径38、底径17、通高33.4厘米。（图 3-60：6、图 3-61：3）

陶罐

3件。

M19：2，方唇，直口微敞，矮领，弧肩，圆鼓腹，下腹弧收，平底。肩部贴附半环状叶脉纹耳一对，器身通体饰弦纹。橘红色胎，胎体较坚硬。口径10.8、腹径17.8、底径10、高15厘米。（图 3-60：3、图 3-61：4）

M19：4，方唇，直口微敞，矮领，弧肩，圆鼓腹，下腹弧收，平底。肩部贴附半环状叶脉纹耳一对，器身通体饰弦纹。橘红色胎，局部呈浅灰色，胎体较坚硬。口径10.6、腹径18.6、底径10、高15.7厘米。（图 3-60：4、图 3-62：1）

M19：9，略变形。方唇，直口，矮领，弧肩，圆鼓腹，平底。肩部贴附半环状叶脉纹耳一对。橘红色胎，火候较低，胎质较软。腹部可见拉坯形成的旋纹。口径12.3、腹径25.5、底径13.5、高22.6厘米。（图 3-60：5、图 3-62：2）

1. M19：3、6（陶鼎）

3. M19：7（陶罍）

2. M19：5（陶盒）

4. M19：2（陶罐）

图 3-61　M19 出土器物

1. M19：4（陶罐）

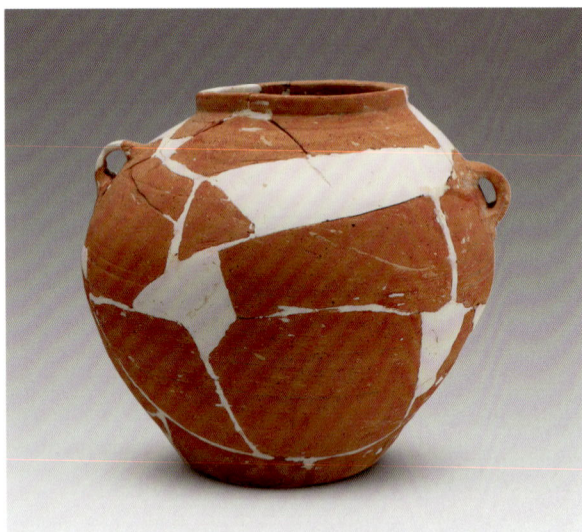

2. M19：9（陶罐）

3. M19：1（陶灶）出土情况

图 3-62　M19 出土器物

陶灶

1 件。M19：1，泥质灰陶，胎质较软。破损严重，未能修复。（图 3-62：3）

M23

位于发掘区西北部，T2 探方东北角，开口于②层下，北邻 M18。长方形竖穴土（岩）坑墓，方向 266°。直接开凿于基岩上，打破 M26，墓口距地表 0.85 米。墓壁近直，墓底西低东高，大致呈斜坡状。墓坑长 2.92、宽 1.12~1.34、深 0.15~1 米。（图 3-63~ 图 3-65）

墓内填土为灰褐色粗砂土，土质较粗疏，包含少量陶片、碎石及植物根茎。

墓底东部残存人骨 1 具，仅存上半身，头东向（图 3-66）。出土原始瓷壶、陶罐各 1 件，位于墓底西南角。

原始瓷壶

1 件。M23：2，口残，束颈，溜肩，圆鼓腹，下腹弧收，平底内凹。肩部贴附半环状叶脉纹耳一对。灰胎，含杂质较多。肩部及内底可见青黄釉，釉层不均，剥釉较严重。腹部可见拉坯形成的旋纹，外腹近底处可见拼接痕。腹径 20、底径 12.2、残高 22.6 厘米。（图 3-67：1、

图 3-63　M23 清理前

图 3-64 M23 清理后

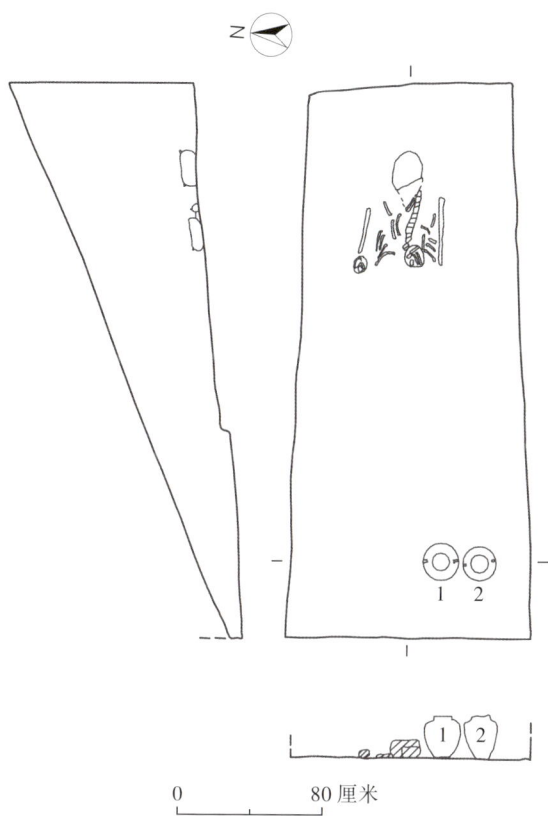

图 3-65 M23 平、剖面图
1.陶罐 2.原始瓷壶

图 3-66 M23 人骨遗存

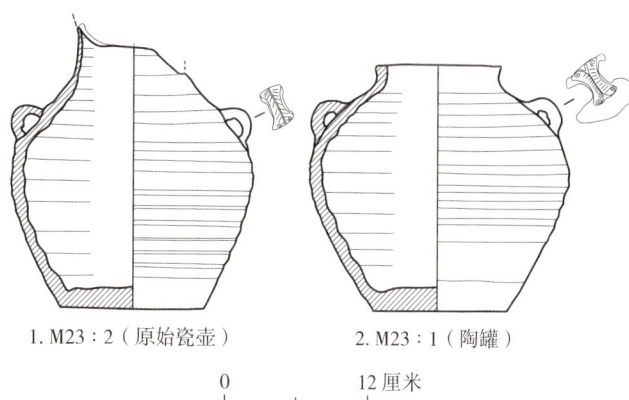

1. M23：2（原始瓷壶） 2. M23：1（陶罐）

0 12 厘米

图 3-67 M23 出土器物

0 80 厘米

1. M23：2（原始瓷壶）　　　　　　　　　　　　　2. M23：1（陶罐）

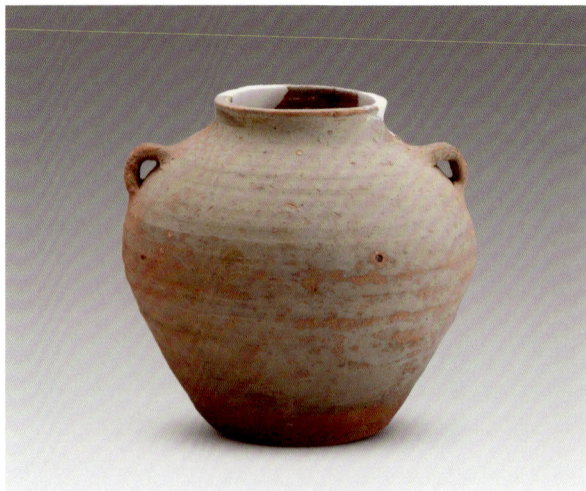

图 3-68　M23 出土器物

图 3-68：1）

陶罐

1件。M23：1，方唇，直口，短颈，弧肩，圆鼓腹，下腹斜收，平底。肩部贴附半环状叶脉纹耳一对，耳上下饰卷菱角纹。泥质红陶，口沿及外腹上部似有浅灰色涂层。腹部可见拉坯形成的旋纹。口径 10.5、腹径 21.5、底径 11.1、高 19.6 厘米。（图 3-67：2、图 3-68：2）

M25

位于发掘区东部，东部被 M24 打破并叠压。长方形竖穴土（岩）坑墓，方向280°。墓口距地表0.6米。墓坑修制较粗糙，墓壁近直，下部微收，墓口长 2.74、宽 1.24 米，墓底长 2.66、宽 1.16 米，深 0.04~0.3 米。（图 3-69~ 图 3-71）

墓内填土为灰褐色粗砂土，土质较粗疏，包含少量陶片、碎石及植物根茎。

后期扰乱较严重，人骨无存。出土随葬器物7件，其中陶壶 2 件、陶瓿 1 件、原始瓷罐 1 件、陶罐 2 件、铁刀 1 件，位于墓底中部。

陶壶

2件。

图 3-69　M25 清理前后

图 3-70 M25 清理后

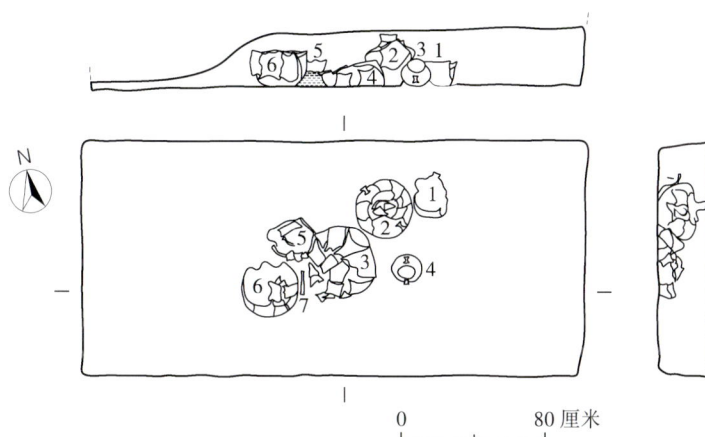

0   80 厘米

图 3-71 M25 平、剖面图

1. 陶罐 2. 陶壶 3. 陶壶 4. 原始瓷罐 5. 陶罐 6. 陶瓿 7. 铁环首刀

M25：2，口残，束颈，溜肩，圆鼓腹，平底。颈部偏下饰水波纹一周，肩部贴附半环状叶脉纹耳一对，水波纹及肩部上下各饰凹弦纹一周。泥质红陶，器表似有一层浅灰色涂层。腹部见拉坯形成的旋纹。底径 15.8、腹径 26、残高 30.4 厘米。（图 3-72：1、图 3-73：1）

M25：3，凸圆唇，喇叭口，束颈，溜肩，圆鼓腹，平底内凹。颈部上下各饰一组水波纹，肩部贴附半环状叶脉纹耳一对，耳上饰卷云纹，水波纹及肩部上下各有凹弦纹一周。泥质红陶，器表上部呈灰色，胎中夹较多杂质。口径 12.2、腹径 27、足径 13.8、高 33.6 厘米。（图 3-72：2、图 3-73：2）

陶瓿

1 件。M25：6，方唇，直口，矮领，圆鼓腹，下腹斜收，小平底。肩部贴附兽面耳一对，耳上翘，略低于口沿，耳上端饰凹弦纹一周。泥质红陶。腹部见拉坯形成的旋纹。口径 11.2、腹径 29、底径 15.6、高 24.9 厘米。（图 3-72：3、图 3-74：1）

原始瓷罐

1 件。M25：4，圆唇，直口，矮领，扁鼓腹，平底，内底略向上凸起。肩部贴附半环状叶脉纹耳一对。灰胎较坚硬，胎体较厚重。口沿、肩部釉层剥落，下腹无釉处呈红褐色，外

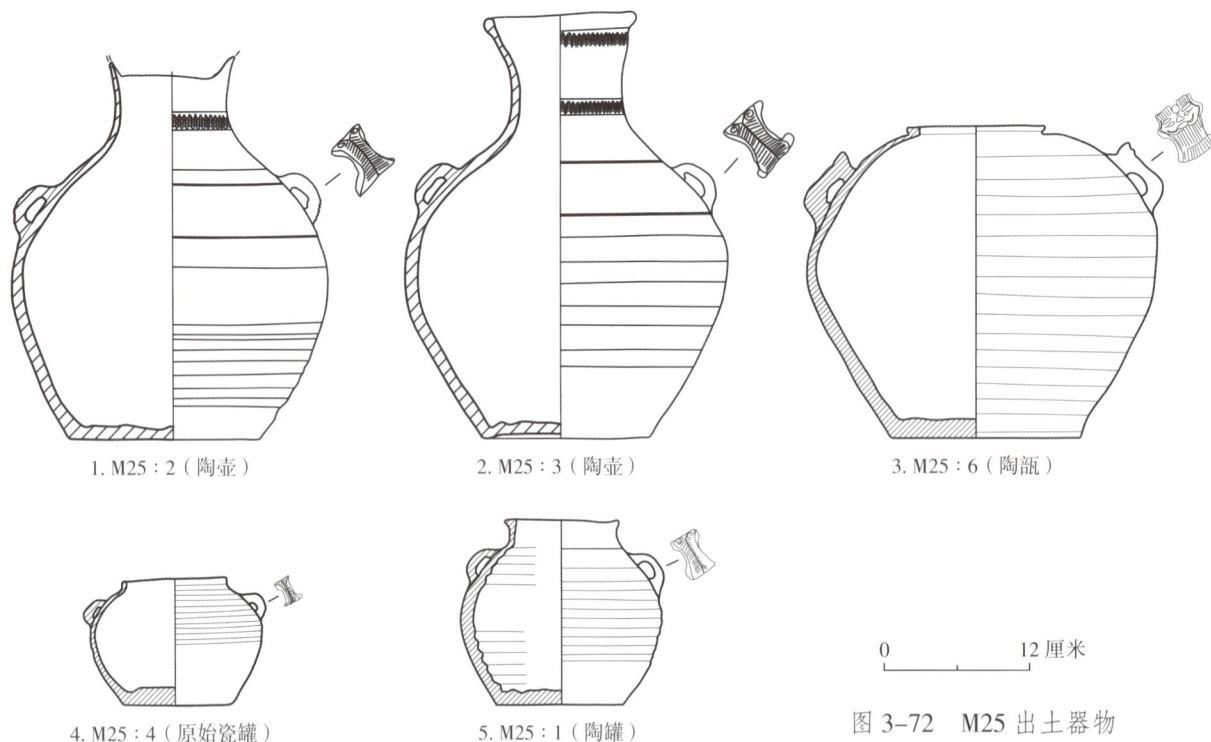

1. M25：2（陶壶）　　　2. M25：3（陶壶）　　　3. M25：6（陶瓿）

4. M25：4（原始瓷罐）　　　5. M25：1（陶罐）

0 ————— 12 厘米

图 3-72　M25 出土器物

1. M25：2（陶壶）

2. M25：3（陶壶）

图 3-73　M25 出土器物

底生烧。腹部见拉坯形成的旋纹。口径8.2、腹径14、底径9、高10厘米。（图3-72：4、图3-74：2）

陶罐

2件。

M25：1，方唇，口微敛，矮领，溜肩，圆鼓腹，平底略内凹。肩部贴附半环状叶脉纹耳一对，上部饰菱角纹。腹部见拉坯形成的旋纹。近底部一侧开裂。口径9.4、腹径17、底径10.5、高15厘米。（图3-72：5、图3-74：3）

M25：5，未修复，具体形制不可辨。胎呈橘红色，胎体较厚重，胎质较软，含杂质较多。

铁环首刀

1件。M25：7，椭圆形环首，刀尖残，刀身扁平且基本等宽，两侧等厚。残长约15厘米。

1. M25：6（陶瓿）

2. M25：4（原始瓷罐）

3. M25：1（陶罐）

图3-74 M25出土器物

第二节　墓葬形制与典型遗物分析

一　墓葬形制分析

汉墓共 9 座，均位于东蜀山西南缓坡上，分布较为分散，墓号分别为 M2、M3、M5、M13、M17、M18、M19、M23、M25。均为长方形竖穴土（岩）坑墓，墓口略大于墓底，墓壁呈倾斜状。墓向多朝西向，方向在 260° 左右（258°~280°）。均为中小型墓，长在 3 米以上的有 M3、M5、M13、M17、M18，宽 2 米以上的有 M3、M5、M13。其中规模最大的为 M3，墓口长 3.7、宽 2.8~3 米，墓底长 3.5、宽 2.65~2.85 米，深 1.16~1.6 米；其次为 M5，墓口长 3.9、宽 2.7 米，墓底长 3.66、宽 2.5 米，深 1~1.8 米；最小的为 M25，墓口长 2.74、宽 1.24 米，墓底长 2.66、宽 1.16 米，深 0.04~0.3 米。墓葬尺寸长宽比在 1.2~2.3，其中 M3、M5 比值较小，较宽，随葬品也较丰富。就墓内设施而言，未见铺石子和青膏泥现象，均为平底，其中 M3、M5、M13、M18、M19 墓底两端设有枕木沟。

二　典型遗物分析

两汉时期墓葬共出土（采集）文物 130 件（组），包括陶瓷器、铜器、铁器、石器和贝类等。随葬品多位于墓底一侧，呈"一"字形纵向排列。部分随葬品的数量和放置具有一定的规律，如鼎、盒数量多为偶数，一般每墓一对或两对，大小、质地、纹饰基本一致；壶、瓿、罐、罍往往大小配套；灶一般摆放在器物组的首端或尾部。

（一）陶瓷器

出土陶瓷器共 112 件（含战国原始瓷 5 件），约占出土遗物的 86.2%。器形丰富多样，有仿铜陶礼器，也有生活用器和模型明器，可分为 13 个大的器类。纹饰以弦纹、水波纹为主。胎质以灰褐色、红褐色或青灰色硬陶为主，多数表面施高温钙釉。器物多轮制，辅以模制和手制。

东蜀山墓地发现的汉代陶瓷器，根据胎釉特征可分为带釉硬胎器、硬陶以及泥质软陶三类。其质量参差不齐，优者胎质坚致、釉层均匀，劣者多生烧、胎质酥软。对于带釉硬胎产品，以往多称为高温釉陶，但随着研究的深入，学界目前已基本达成"秦汉原始瓷"的共识，本报告亦沿用这一概念。东蜀山墓地出土的汉代原始瓷共 55 件，占同期陶瓷器总数量的近 52%，几乎涵盖鼎、盒、壶、瓿、罍、罐等所有器形。泥质软陶仅见两件船形灶和若干枚陶钱，烧成温度较低，胎质较软，亦容易区分。难以辨别的是这二者以外的无釉陶器，应是硬陶传统，但由于淘洗程度、烧造温度和气氛不同，在胎质、色泽和硬度等方面存在较大差异：胎质有粗有细；胎色有红有灰，还有介于红、灰之间的斑驳色；坚者击之清脆有声，生烧者胎质酥软接近软陶。器形以罐为主，也有壶、罍及个别鼎、盒、瓿等。一些无釉硬胎器虽器表无釉，但胎与原始瓷已相近无几，有时甚至无法判断到底是未施釉还是釉未烧出来（带釉原始瓷底部也常见生烧和剥釉现象）；一些红胎陶罐显然烧成温度较低，但器形又与灰胎硬陶罐无异。根据对窑址材料的观察，带釉原始瓷与不带釉的硬陶存在同窑合烧的现象，鼎、盒、瓿、壶等器物多带釉，罐、罍等器物多无釉，很可能是在窑炉中所处位置不同而产生的结果，从一定程度上也反映了不同器形的级别。而以上现象导致了在分类和定名上的困难。杨哲峰教授在相关文章中讨论过汉代陶瓷器的定名问题，并指出"如何协调现代科技手段对'内在'质地的定性分析与考古类型学对'外在'形态的分析之间的矛盾，将是完善汉代陶瓷分类必需首先考虑的"[1]。

尽管目前尚无科技测试方面的证据，但我们倾向于这批无釉硬陶和带釉原始瓷是同类产品，从根本上讲是本地技术传统下的产物，只是由于窑业技术的不稳定、不成熟才造成面貌上的差异，有别于以泥质灰陶灶为代表的软陶风格。因此以下主要从技术传统出发，将原始瓷和硬陶放在一起进行型式的划分和讨论，同时对质地进行标注。

1. 胎釉特征

根据胎釉特征可分为原始瓷、硬陶以及泥质软陶三类。由于烧造温度和气氛不同，在胎质、硬度和色泽等方面存在较大差异。其中原始瓷的胎质最好，胎色多为浅灰色或灰色，胎体致密坚硬，扣之声音清脆。器形有鼎、盒、壶、麟趾金及部分瓿、罍、罐等。硬陶胎质坚硬，胎色因火候不同而不稳定，有灰色、灰褐色、浅灰色以及火候稍欠的橘红色，还有部分器表呈灰红色，内壁多呈红褐色，胎体红褐色、灰褐色和青灰色相间。胎质亦有优劣之分，优者致密而光滑，劣者相对疏松，含杂质较多。器形亦见鼎、盒、壶、瓿、罍、罐等，以罐、罍为大宗。泥质软陶数量较少，胎质疏松，易碎，多呈青灰色，烧制火候低，硬度小。器形主要为船形灶、釜、甑。此外还出土有较多的圆形方孔陶钱，除两枚为胎质较硬的红陶外，余皆为灰黑色的软陶。

施釉器物均为硬胎，胎色有浅灰色和灰色，无釉露胎处呈灰褐色、红褐色或砖红色。施釉范围在器物的朝上部位，如器盖、口沿、内底、肩部至腹部最大径处等，即俯视可见部位多施釉，下部及外底则基本无釉或仅见滴釉。个别器物朝向火膛的一面釉层范围会扩大至下腹部。釉为高温钙釉，釉色有青黄、青褐等。有的釉层均匀，玻化程度高；有的釉层不均，有滴釉、积釉现象。由于胎釉的密度和膨胀系数不一致，再加上长期受地下水土的侵蚀，器物表面釉层多已剥落，保存完整的较少，有的仅存釉斑。（图 3-75）

2. 成型与装饰

器物的成型工艺有泥条盘筑、轮制、模制及手制等，以轮制为主，辅以模制、套接、黏合等手段（图 3-76、图 3-77）。多数器物的主体为拉坯而成，鼎、盒类器盖的内部可见拉坯形成的旋纹；罐、壶类器物器身为轮制，后再接底、接足，其中接底的位置常见拼接留下的纵向短凹痕；大型器物如罍等采用泥条盘筑法或泥片贴筑法；灶为手制。另有零星器形采用模制成型，如麟趾金、陶钱等。附件部分如铺首、器耳、鼎足等为模制后贴附到器身上的，内壁常见按压时留下的凹窝。

器物的装饰技法以刻划为主，也有部分拍印和少量的模印、堆贴等（图 3-78、图 3-79）。装饰时根据需要，或采用某种单一的技法，或同时使用两种和多种技法。纹饰主要有弦纹、水波纹、

---

[1] 杨哲峰：《汉代陶瓷分类问题管见》，《中国文物报》2006 年 7 月 28 日。

1. M5：16（陶罐）

2. M19：5（陶盒）

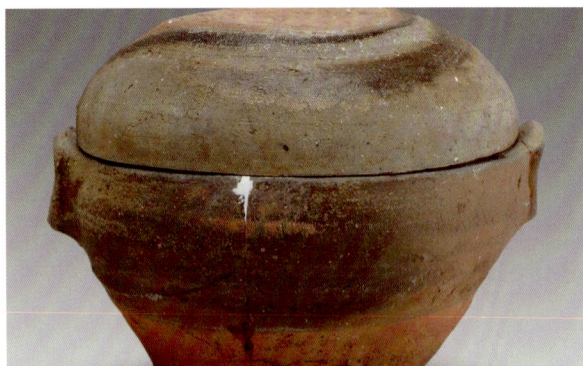

3. M17：8、9（陶鼎）

4. M5：19（原始瓷壶）

5. M3：17（原始瓷罐）

6. M3：30（原始瓷盒身）

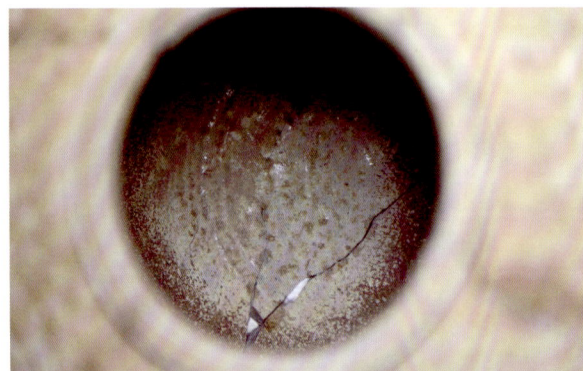

7. M3：15（原始瓷瓿）

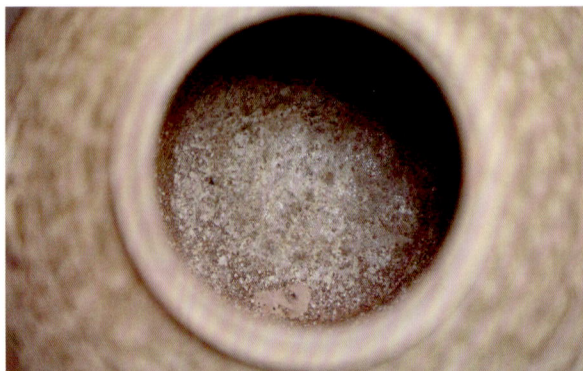

8. M3：17（原始瓷罐）

图 3-75　胎釉特征

1. 轮制（M5：1，原始瓷罐）

2. 轮制（M5：2，原始瓷鼎盖）

3. 泥条盘筑（M13：8，原始瓷瓿）

4. 泥条盘筑轮修（M5：13，陶壶）

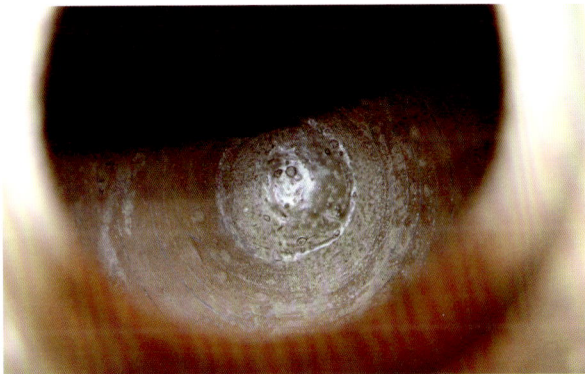

5. 模制（M3：16，原始瓷瓿）

6. 模制（M5：20，原始瓷麟趾金）

图 3-76 成型工艺

1. M3：7（原始瓷罍）

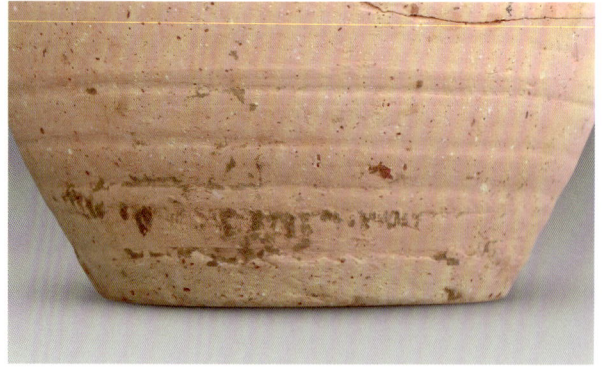

2. M3：10（陶罐）

3. M3：15（原始瓷瓿）

4. M5：16（陶罐）

5. M18：9（原始瓷壶）

6. M18：11（原始瓷瓿）

7. M23：2（原始瓷壶）

8. M25：3（陶壶）

图 3-77　接底（足）工艺

1. 旋纹（M17：6，陶罐）

2. 水波纹（M17：26，陶壶）

3. 水波纹（M17：1，原始瓷壶）

4. 栉齿纹（M13：10，陶罍）

5. 席纹（M3：7，原始瓷罍）

6. 拍印席纹的内部凹窝（M3：8，原始瓷罍）

8. 羊角形贴塑（M17：1，原始瓷壶）

8. 凸棱（M13：7，原始瓷瓿）

9. 绳索纹（M17：26，陶壶）

图 3-78 装饰纹样

1. M3：14（原始瓷鼎身）

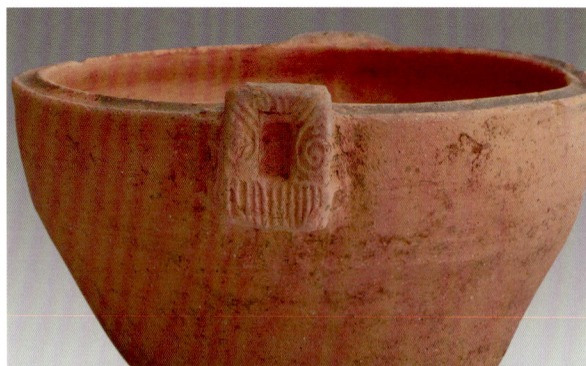

2. M5：11（原始瓷鼎身）

3. M3：23（原始瓷瓿）

4. M5：12（原始瓷鼎身）

5. M17：27（陶鼎身）

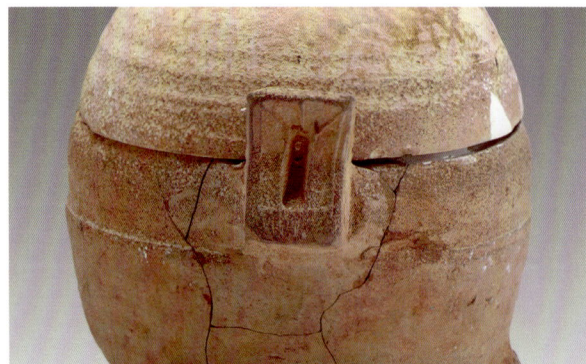

6. M18：12（原始瓷鼎）

7. M25：6（陶瓿）

图 3-79　耳部装饰纹样

绳索纹、兽面纹、蟠螭纹、叶脉纹、席纹等，施加的部位相对固定。弦纹最为常见，分为细弦纹、粗弦纹和弦纹带等，多施于器物口部、颈部或肩部，可作为主体纹样单独存在，也常作为其他纹样的隔线存在，或起到安装器耳或铺首的定位作用。水波纹、绳索纹主要见于壶的颈部或肩部。旋纹呈螺旋状，可辨认出其起点和终点，是胎体成型后，在慢轮旋转过程中使用工具自上而下或自下而上沿着器表有序移动形成的一条整体纹带，纹带宽窄不定，有的较为明显，有的隐约可见，多施于壶、罐等器物上，尤以盘口壶和罐的腹部最为明显。席纹仅见于罍，通体拍印，内部可见拍印时留下的抵窝。兽面纹、叶脉纹、蟠螭纹均模印而成，兽面纹见于鼎、瓿的器耳和鼎足，叶脉纹见于罐、壶的器耳，蟠螭纹则仅见于麟趾金。

3. 装烧

烧成温度较高，部分器底有生烧痕且呈倾斜状，应与斜坡式龙窑有关。绝大多数器物为单件明火裸烧，器底多不平整，常见过烧或生烧现象，有的器底还粘有窑渣。鼎、盒类的带盖器物一般是盖、身合烧，多数仅器盖和器身上腹部有釉，内部及下腹部无釉，器身子口口沿处常见零星釉迹。此外有个别器物采用叠烧的方式，如 M17 出土的鼎、盒，盖面正中及下半部露胎呈红色，盖腹及器身下腹部呈灰黑色，似有涂层，其红色露胎处正是由于叠烧时空气密闭形成氧化环境造成的。（图 3–80）

4. 器形

器形主要包括鼎、盒、壶、瓿、罍、罐、麟趾金、灶等。

鼎

共9件。5座墓中出土，多成双出现，伴出盒、壶、瓿等。均为盖鼎，子母口，双立耳，主体使用轮制法，耳部、足部为模制后贴塑而成，耳部多饰模印纹饰。根据盖、耳、腹、足的差异可分为5式。

Ⅰ式　2件，M18：1、M18：12，均为原始瓷。覆钵形盖，平顶，盖面等距贴附三个角纽。鼎身子口内敛，深弧腹，平底，下承三蹄足。口部贴附长方形立耳一对，双耳上部外翻，高于口沿，中间有长方形竖孔。双耳及蹄足均模印有纹饰，外腹偏上有折棱一条。

Ⅱ式　2件，M3：12、13，M3：14、27，均为原始瓷。与Ⅰ式相比器身整体变短，下腹内收，蹄足根部内凹。覆钵形盖，平盖面，上饰凹弦纹一周并等距贴附三个乳突。鼎身子口内敛，弧腹，下腹内收，平底，下承三蹄足。外壁偏上有折棱一周，折棱以上贴附长方形立耳一对，双耳上翘，中间有长方形竖孔，竖孔两侧模印纹饰，足部亦模印纹饰。

Ⅲ式　1件，M5：3、12，原始瓷。与Ⅰ式、Ⅱ式相比，盖面弧起呈半球状，盖顶三个乳突消失，器耳变短直、耳部纹饰简化，鼎足变短基本与底平齐，足部纹饰消失。

Ⅳ式　2件，原始瓷1件，M5：2、11；红陶1件，M19：3、6。与Ⅲ式相比，盖顶稍平，下腹部斜收，鼎足消失。覆钵形盖，弧盖面顶部略平。鼎身子口内敛，曲腹，平底。口部贴附长方形立耳一对，双耳上翘，顶端略高于口沿，中间有长方形竖孔，孔周模印放射状纹饰。其中 M5：2、11 具有明显的过渡性特征，虽与 M5：3、12 弧腹矮足鼎共出，且耳部模印兽面纹，但其

1. M5：4（原始瓷盒）

2. M17：5（陶盒身）

3. M13：8（原始瓷瓿）

4. M17：12（原始瓷壶）

5. M17：14（原始瓷壶）

图 3-80　装烧痕迹

斜直腹平底的形态与 M19：3、6 更为接近，故将这种斜直腹平底鼎归为Ⅳ式。

Ⅴ式　2件，M17：8、9，M17：10、27，均为红陶。与Ⅳ式相比，装烧方式变为叠烧。顶部变平略内凹，器耳变小几近与口沿平齐，曲腹。

演变趋势如下：

整体：高→矮，规整→草率，质量高→质量低。

盖顶：平→弧→平。

盖面装饰：三个乳突→无纽。

腹部：长腹→下腹弧收→下腹斜收。

耳部：长、顶部外翻→短、直。

足部：高→矮→消失，模印纹饰不断简化。

烧造方式：单件裸烧→多件叠烧。

盒

共9件。5座墓中出土，多成双出现，伴出鼎、壶、瓿等。均带盖，子母口，平底，轮制。根据盖、器身的变化可分为5式。

Ⅰ式　2件，M18：2、M18：6，均为原始瓷。覆钵形盖，平顶，盒身敛口，深腹，平底。M18：2盖顶部饰凹弦纹一周。

Ⅱ式　2件，M3：21、22，M3：26、30，均为原始瓷。与Ⅰ式相比，盖顶部饰凸棱一周，腹部变短，下腹斜收较甚。

Ⅲ式　2件，M5：4，M5：10、18，均为原始瓷。与Ⅱ式相比，盖顶弧凸，腹部略加深。

Ⅳ式　1件，M19：5，红陶。与Ⅲ式相比，盖顶变成弧形且变浅，腹部变曲，底变小。

Ⅴ式　2件，M17：2，M17：5、11，均为红陶。与Ⅳ式相比，器身整体变短，盖顶变平，曲腹变浅，装烧方式变为叠烧。

演变趋势基本同鼎，具体表现如下：

整体：高→矮，规整→草率，质量高→质量低。

盖顶：平→弧→平。

腹部：长腹→下腹弧收→下腹斜收→曲腹。

烧造方式：单件裸烧→多件叠烧。

壶

共23件。8座墓中出土，少则1件，多则7件，包括原始瓷壶18件、陶壶5件。器形较丰富，主体使用轮制法修制，耳部多为模制后贴塑而成，绝大多数为叶脉纹半环状，个别附加兽面纹和衔环，圈足多为后接。主体纹饰简单，主要为弦纹、水波纹和附加堆纹，多施于口、颈或肩部。除 M2：2、M17：24、M17：26、M18：9、M23：2、M25：2口残外，其余17件根据口部及大小的不同可分为敞口壶、盘口壶、敞口小壶、蒜头壶等4型。

蒜头壶　1件，M17：14，原始瓷。蒜头形小口，长直颈，球腹，平底。肩部贴附半环状耳一对。

敞口小壶　2件，M17：12、M17：13，均为原始瓷。敞口，束颈，溜肩，弧腹，下腹斜收，平底。肩部贴附半环状耳叶脉纹一对，并饰凹弦纹一周。

敞口壶 8件。根据口部、腹部、圈足及纹饰的变化分为5式。

Ⅰ式 1件，M18：7，原始瓷。方唇，敞口，束颈，溜肩，鼓腹，下腹斜收，矮圈足。肩部贴附半环状叶脉纹耳一对并刻划凹弦纹一周。腹部可见拉坯形成的旋纹。

Ⅱ式 2件，M3：18、M3：19，均为原始瓷。与Ⅰ式相比，颈部略显粗短，肩部变鼓，下腹斜收较甚，圈足略外撇。M3：18为斜方唇，M3：19为平方唇。

Ⅲ式 1件，M25：3，红陶。与Ⅱ式相比，唇部变为凸圆唇，颈部变细变高，圈足简化为凸棱一周。纹饰较为丰富，肩部出现水波纹，耳部上方出现卷云纹。肩部叶脉纹双耳上饰卷云纹，颈部上下各饰一组水波纹，水波纹及肩部上下各有凹弦纹一周。

Ⅳ式 3件，原始瓷1件，M5：15；泥质红陶2件，M5：8，M5：13。方唇，喇叭口，束颈，溜肩，鼓腹，下腹斜收，圈足消失变为平底。肩部贴附半环状叶脉纹耳一对，下腹满饰旋纹。

Ⅴ式 1件，M2：1，原始瓷。口沿外撇，束颈，溜肩，鼓腹，平底。肩部贴附半环状衔环铺首一对，半环耳饰叶脉纹并于顶部贴塑卷云纹。颈部上下分别饰一组水波纹。肩部至上腹部饰三组凸弦纹，每组三条。下腹外壁可见泥条盘筑痕。

盘口壶 6件。根据口部、腹部、圈足及纹饰的变化分为3式。

Ⅰ式 2件，M5：14、M5：19，均为原始瓷。器形较大，圆唇，盘口微显，束颈，圆鼓腹，矮圈足。肩部贴附兽首衔环铺首一对，半环耳饰以叶脉纹。口部、颈部、肩部饰水波纹，肩部两组水波纹以三条凹弦纹相间。器表不平整，内外均有较多旋纹。M5：19带盖，弧盖面，顶部附半环状盖纽，盖面刻双凹弦纹两周。

Ⅱ式 2件，M17：1、M17：3，均为原始瓷。与Ⅰ式相比，盘口变明显，颈部变细长，圆鼓腹，下腹斜收，矮圈足。耳部半环状双耳上贴附羊角纹。

Ⅲ式 2件，M13：1、M13：4，均为原始瓷。与Ⅱ式相比，盘口变深，腹部变圆鼓，圈足变高。深盘口，直颈，圆鼓腹，下腹弧收，小平底，圈足。盘口外侧饰水波纹一组，其上凹弦纹一周、其下凹弦纹两周；颈部下端刻水波纹一组，上下各有弦纹一周；肩部贴附兽首衔环铺首一对并饰三组凸弦纹。

瓿

14件。7座墓出土，少则1件，多则3件，早期多与鼎、盒、壶相伴出现，晚期多与壶、罐相伴出现。仅1件无釉（M25：6），烧成温度较低，呈红陶状态；其余13件均施釉，个别釉层剥落。个体大小不等，小者均为轮制，大者多采用泥条盘筑制成。内壁有的留有拍压时的抵窝，有的经过涂抹后抵窝痕迹不甚明显。耳部多为模制或捏塑后贴塑而成，器耳多为兽面纹，也有兽首衔环等。除原始瓷瓿M19：8未能修复外，其余13件根据肩部和腹部的变化可分为3式。

Ⅰ式 5件，M18：10、M18：11、M3：15、M3：16、M3：23，均为原始瓷。方唇，直口，弧肩，鼓腹，下腹斜收，平底。肩部贴附兽面耳一对，耳上翘，顶端低于口沿。最大径在腹中部偏上，平底略内凹。肩部饰凹弦纹一周。腹部可见拉坯形成的旋纹，外腹近底处可见拼接痕。

Ⅱ式 1件，M25：6，红陶。与Ⅰ式相比，腹部稍显弧长。方唇，直口，矮领，圆鼓腹，下腹斜收，小平底。肩部贴附兽面耳一对，耳上翘，顶端略低于口沿，耳上端饰凹弦纹一周。腹部见拉坯形成的旋纹。

Ⅲ式 7件，M5∶6、M5∶7、M5∶9、M17∶16、M17∶17、M13∶7、M13∶8，均为原始瓷。与Ⅱ式相比，口部变小，肩部变斜，腹中部变鼓，底部变小。M5∶9耳上端贴附模印兽面纹，兽面下端有圆锥状乳突，耳顶端低于口沿。M17∶16兽面耳上下各饰凹弦纹一周。M13∶8肩部贴附兽首衔环铺首并等距堆贴凸棱三组，每组三周。

罍

9件。5座墓出土，包括原始瓷罍3件、陶罍6件。器形较大，泥条盘筑而成，有轮修现象，器身通体拍印纹饰，印痕深浅不一。其中M3∶11和M18∶14因火候不足胎质较软，难以进行修复。其余7件根据口、腹及纹饰的不同可分为4式。

Ⅰ式 3件，M3∶7、M3∶8、M3∶5，均为原始瓷。方唇，直口微敞，矮领，弧肩，圆鼓腹，最大径在腹中部偏上，下腹急收，小平底。器身通体拍印席纹。M3∶8肩部较鼓。

Ⅱ式 1件，M19∶7，带盖，器盖为原始瓷，器身为灰胎硬陶。与Ⅰ式相比，口变成敞口，最大径下移至腹中部，器底更小。方唇，敞口，腹部浑圆，最大径在腹中部，下腹急收，小平底。器身通体拍印席纹。

Ⅲ式 1件，M17∶20，橘红色胎。与Ⅱ式相比，口部外敞稍甚，下腹部稍长。方唇，侈口，圆鼓腹，下腹斜收，平底。器身通体拍印栉齿纹。

Ⅳ式 2件，M13∶10、M13∶13，均为橘红色胎。与Ⅱ式、Ⅲ式相比，口部外敞更甚，下腹变长，纹饰由席纹变为栉齿纹。尖圆唇，敞口，束颈，圆鼓腹，下腹斜收，小平底。器身通体拍印栉齿纹。

演变趋势：

口沿：方唇直口→方唇微敞→尖圆唇敞口，有领→无领。

腹部：最大径在腹中部偏上→最大径在腹中部。

底部：大平底→小平底。

纹饰：拍印席纹→拍印栉齿纹。

双耳罐

33件。除M2外均有出土，少则1件，多则8件。材质可分为原始瓷、灰胎硬陶、红陶等。形制变化较大，直口或敞口，高领或矮领或无领，长腹、扁腹或鼓腹，平底。肩部贴附半环状耳一对。高领罐多为原始瓷，敞口罐均为红陶。主体使用轮制法修制，多接底。耳部模印叶脉纹，大多数罐身布满旋纹。除陶罐M25∶5残损严重无法修复，其余32件根据口沿的差异分为A、B、C三型。

A型 21件。方唇，直口或直口微敞。根据领部、肩部、腹部的变化可分为5个亚型。

Aa型 7件。长腹，根据口、肩、腹部变化可分为4式。

Ⅰ式 1件，M3∶2，原始瓷。高领，折肩。方唇，直口微敞，长腹，平底。肩部贴附半环状叶脉纹耳一对，耳中部有纵向凹痕一道。

Ⅱ式 2件，M18∶13、M18∶8，均为红陶。与Ⅰ式相比，领部稍短，折肩变为鼓肩。下腹近底处可见拼接痕。M18∶13肩部饰凹弦纹一周，腹部可见旋纹。

Ⅲ式 1件，M5∶5，原始瓷。矮领，弧肩。

Ⅳ式 3件，M19：9、M17：23、M13：14，均为红陶。与Ⅰ式相比，领部变短几近消失，罐身弧长。

Ab型 1件。高领，扁腹。M3：9，原始瓷。斜方唇，直口微敞，高领，鼓肩，扁腹，最大径在肩部，下腹斜弧收，平底略内凹。肩部贴附半环状叶脉纹耳一对并饰凹弦纹两组，耳中部有纵向凹痕一道。

Ac型 10件。矮领，鼓腹，根据领部高矮和腹部长短变化分为2式。

Ⅰ式 2件，灰陶1件，M3：4；红陶1件，M23：1。方唇，直口微敞，矮领，弧肩，鼓腹，平底。肩部贴附半环状叶脉纹耳一对。

Ⅱ式 8件，原始瓷1件，M5：1；红陶6件，M25：1、M5：17、M19：2、M19：4、M17：4、M17：7；灰陶1件，M17：6。与Ⅰ式相比，领部变矮，腹部变短。

Ad型 2件。方唇，矮领，扁腹。肩部饰凹弦纹两周。M3：6、M3：17，均为原始瓷。方唇，直口，矮领，弧肩，扁腹，下腹斜收，平底。肩部贴附半环状叶脉纹耳一对并饰凹弦纹两周。

Ae型 1件。直口，鼓肩。M3：10，硬陶，橘红色胎。方唇，直口，鼓肩，下腹斜收，平底。肩腹贴附半环状耳一对，耳部正中压印痕一道；下腹部有凹弦纹三道。

B型 10件。圆唇，敞口。均为红陶，部分生烧。根据腹部的变化可分为2个亚型。

Ba型 2件。长腹，根据口部变化分为2式。

Ⅰ式 1件，M17：21。凸圆唇，敞口，溜肩，长弧腹，下腹斜收，平底。肩部贴附半环状叶脉纹耳一对，器身内外通体可见旋纹。

Ⅱ式 1件，M13：11。与Ⅰ式相比，口沿内侧下凹呈母口状。

Bb型 8件。鼓腹，与Ba型相比腹部较短。根据口部变化分为3式。

Ⅰ式 3件，M17：22、M17：25、M13：6。凸圆唇外翻，敞口。

Ⅱ式 2件，M13：9、M13：19。圆唇，敞口，鼓腹，下腹弧收，平底。与Ⅰ式相比，凸圆唇变为斜圆唇。

Ⅲ式 3件，M13：3、M13：5、M13：12。变化同BaⅡ式，与BbⅡ式相比口沿内侧下凹呈母口状。

C型 1件。M25：4，原始瓷。圆唇，直口微敛，扁鼓腹，平底略内凹。肩部贴附半环状叶脉纹耳一对。腹部见拉坯形成的旋纹。

瓿式罐

1件，M5：16，硬陶。圆唇，敛口，平沿，弧肩，长腹，下腹斜收，平底。肩部贴附半环状叶脉纹耳一对。腹部可见拉坯形成的旋纹。

器盖

1件。M3：28，原始瓷。子口，弧盖面，盖顶附穿孔盖纽，盖面饰三组细凹弦纹。

麟趾金

12枚。M5：20，原始瓷。半球形，球面模印蟠螭纹。

灶

2件，均为泥质灰陶，平面呈船形。M13：15、16，平面呈前端平齐、后端钝尖、中部较宽的船形。

灶面略呈前低后高的斜面，前端设灶门，后端开有出烟孔。灶面设中间大、前后小的三个圆形灶眼。底作敞开式，无底面。中部灶眼置上下相叠的一甑一釜，后端灶眼置一釜。M19：1，灶面开两灶眼，破损严重，未能修复。

陶瓦

1件，灰胎泥陶。M17：19，刀形，两侧略内弧。两面拍印方格纹，背面纹饰模糊。

陶钱

4件（组）。均为圆形方孔，直径约 2.5 厘米。按材质可分为红陶和灰黑色软泥陶两类，其中后者由于火候较低、陶质较软，加之地下保存环境较差，大多存在受潮、粘连、破碎等现象，具体数量难以统计。M3：31，共 14 枚。其中红陶五铢 2 枚，圆形方孔，两面无郭，正面穿外篆文刻"五铢"；灰黑泥陶五铢 12 枚，圆形方孔，多数为素面，个别穿外刻划或模印"五铢"。

战国原始瓷碗

4件。分盅式和敛口深腹两类。

盅式碗　3件。M18：5，母口，口沿外翻，折腹，下腹斜收，平底略内凹。M3：1，直口微敞，折腹，平底。M3：20，碗底，于折腹处断裂，平底。

敛口深腹碗　1件，M3：29，形制同 M26：1、M26：3。敛口，深腹，下腹斜收，平底。

战国原始瓷盒

1件。M3：3，仅盒身，子口，斜弧腹，腹部较浅，平底。

（二）金属器

共 15 件（组），约占出土遗物总数的 11.5%。以铜器为主，器类包括铜釜、铜镜、铜印、铜带钩、铜钱等。此外还见铁环首刀 2 件。

铜釜

1件。M13：2，折沿，弧腹，底部内凹。素面无纹饰。器壁较薄，破损较严重。

铜镜

共 4 件。M3、M5 各出土 1 件，M18 出土 2 件。均为圆形，有蟠螭纹镜、草叶纹镜、连弧纹镜等。其中 2 件有铭文。

蟠螭纹镜　1件。M18：15，圆形，弦纽，蟠螭纹纽座。纽座外依次为铭文带、短斜线纹一周，短斜线纹之外为蟠螭纹一周，再其外另有短斜线纹一周，以上几组纹饰分别以一周凸弦纹相隔。铭文共十一字，内容为"大乐□□千秋万岁宜酒食"。

草叶纹镜　1件。M3：24，残碎。圆纽，四叶纹纽座。方格外置草叶纹饰，内向连弧纹缘。大方格四角各向外伸出一组双瓣叶，将方格与边缘分成四区，各区分别以一乳为中心，每乳左右各有一对称连叠草叶纹。

连弧纹镜　1件。M18：4，残。纹饰可辨有连弧纹。

铭文镜　1件。M5：21，残。铭文和纹饰难以辨别。

铜印章

1件。M5：24，龟纽方形印章，印文为阳文"吴莫如印"。

铜带钩

1 件。M5：23，钩体细长，整体呈"~"形，钩尾面鼓，置一椭圆扣形纽。钩身细于钩纽，长而纤细。通体光素无纹。

铜钱

76 枚。出土于 M2、M3、M5、M13、M17、M18，可分为半两、五铢、大泉五十。有的墓同时出土半两和五铢或者五铢和大泉五十。

半两　24 枚。出土于 M3、M5、M18，编号 M3：25（11 枚）、M5：22（11 枚）、M18：3（2 枚）。M3：25，圆形方孔，两面均平而无郭，一面穿外篆文"半两"。M5：22，圆形方孔，孔较大，正面穿外无郭，背面穿外有郭。M18：3，圆形方孔，两面均平而无郭，一面穿外篆文"半两"。

五铢　47 枚。出土于 M2、M3、M5、M13、M17、M18，编号 M2：3（2 枚）、M3：25（9 枚）、M5：22（5 枚）、M13：18（3 枚）、M17：15（9 枚）、M18：3（19 枚）。根据字形差异可分 5 式。（图 3-81）

Ⅰ式　M18：3。钱正面穿外无郭，背面穿外有郭。正面穿外有篆文"五铢"二字，"五"（Ⅹ）字中间两笔略呈弧曲形，"铢"（鐕）字的"金"字头呈三角形略小，"五铢"二字略显瘦高。

Ⅱ式　M3：25。正面穿外无郭，背面穿外有郭。正面穿外有篆文"五铢"二字，"五"字中间两笔呈弧曲形，"铢"字的"金"字头呈三角形略大，"五铢"二字略显矮胖。

Ⅲ式　M5：22。正面穿外无郭，背面穿外有郭。正面穿外有篆文"五铢"，"五"字中间两笔呈斜交，几乎呈左右平行状。

Ⅳ式　M2：3、M13：18。正面穿外无郭，背面穿外有郭。正面穿外有篆文"五铢"，"五"字交互的二笔平行，中间的二笔和上下两画相接的地方略向内靠拢；"铢"字的"金"字头比较小。笔画清楚。

Ⅴ式　M17：15。略小，正面穿外无郭，背面穿外有郭。正面穿外有篆文"五铢"，"五"字交叉的二笔斜直。

大泉五十　5 枚。仅在 M17 中出土，编号 M17：15。圆形方孔，双面穿外出郭，边缘较厚。正面穿外篆文"大泉五十"。

铁环首刀

2 件。M25：7，椭圆形环首，刀尖残，刀身扁平、基本等宽，两侧等厚。M5：25，残，外有刀鞘，可见麻布残片。

（三）其他

共 3 件（组）。有海蚶壳、石镞和采集的石纺轮。

海蚶壳

9 枚。M2：5，分大中小三类，其中大 6 枚、中 1 枚、小 2 枚。斜卵圆形，坚厚，色白。两壳合抱，极膨胀，壳顶凸出并向内弯曲，稍超过韧带面，韧带呈梭形，背部两侧略呈钝角。壳面呈扇形，上有瓦隆状突起。韧带面有三四重菱纹。

1. I式（M18：3）

2. II式（M3：25）

3. III式（M5：22）

4. IV式（M2：3）

5. IV式（M13：18）

6. V式（M17：15）

图 3-81　五铢钱分式

石镞

1件。M17：18，残，仅存尖部。四棱锥状，镞尖锋利，两面有脊，中间厚，两侧薄。页岩磨制而成。

石纺轮

1件。M5：01，璧形，紫红色石制。

第三节　墓葬分组、分期与年代

这9座墓葬既存在叠压打破关系，也发现有铜钱、铜镜等具有较明确纪年信息的遗物，墓葬形制和随葬品组合亦存在明显差异。因此，以下主要结合地层和叠压打破关系、墓葬形制、器物组合及形态变化等要素，将这些墓葬进行分组，并在分组的基础上进行分期和断代。（表3-1，图3-82）

一　墓葬分组

根据墓葬形制和随葬品型式组合的差异，可将9座汉墓分成5组。

第一组

1座，M18。长方形竖穴土（岩）坑墓，墓壁近斜直，底部略内收，墓底两端各有一条南北向的枕木沟。随葬品组合以陶瓷器为主，基本组合为鼎、盒、壶、瓿、罐，其中鼎、盒、壶、瓿、罐成对出现。出土战国原始瓷。

M18出土器物包括Ⅰ式鼎，Ⅰ式盒，未分式壶、Ⅰ式敞口壶，Ⅰ式瓿，未分式罍，AaⅡ式罐，蟠螭纹铜镜、连弧纹铜镜，半两、Ⅰ式五铢，战国原始瓷碗。

第二组

1座，M3。长方形竖穴土（岩）坑墓，墓壁近斜直，底部略内收，墓底两端各有一条南北向的枕木沟。随葬品组合以陶瓷器为主，基本组合为鼎、盒、壶、瓿、罍、罐，其中鼎、盒、壶成对出现。出土战国原始瓷。

M3出土器物包括Ⅱ式鼎，Ⅱ式盒，Ⅱ式敞口壶，Ⅰ式瓿，未分式罍、Ⅰ式罍，AaⅠ式罐、Ab型罐、AcⅠ式罐、Ad型罐、Ae型罐，器盖，陶钱，草叶纹铜镜，半两、Ⅱ式五铢，以及战国原始瓷碗、盒。

第三组

3座，M5、M23、M25。均为长方形竖穴土（岩）坑墓，随葬品多为陶瓷器，器物表现出较强的过渡性特征。随葬品有多寡之分，多者鼎、盒、壶、瓿、罐组合完整，还出土麟趾金、带钩、印章等器物；寡者仅出土罐、壶。多随葬环首刀。

M5出土器物包括Ⅲ式鼎、Ⅳ式鼎，Ⅲ式盒，Ⅳ式敞口壶、Ⅰ式盘口壶，Ⅲ式瓿，AaⅢ式罐、AcⅡ式罐，瓿式罐，麟趾金，陶钱，铜镜，铜印章，铜带钩，半两、Ⅲ式五铢，铁环首刀。

M23出土器物包括未分式壶和AcⅠ式罐。

M25出土器物包括未分式壶、Ⅲ式敞口壶，Ⅱ式瓿，未分式罐、AcⅡ式罐、C型罐，铁环首刀。

第四组

1座，M19。长方形竖穴土（岩）坑墓，随葬品仅见陶瓷器，基本组合为鼎、盒、罍、罐，其中鼎、盒、罍均为单件，还出土有泥质灰陶灶。鼎、盒烧成温度低，无釉，装烧方式变为叠烧。

M19出土器物包括Ⅳ式鼎，Ⅳ式盒，未分式瓿，Ⅱ式罍，Aa Ⅳ式罐、Ac Ⅱ式罐，灶。

第五组

3座，M17、M13、M2。均为长方形竖穴土（岩）坑墓，随葬品多为陶瓷器，鼎、盒单件出现，壶和罐的形制多样。出土有海蛤壳等贝类。

M17出土器物包括Ⅴ式鼎，Ⅴ式盒，未分式壶、直口壶、蒜头壶、敞口小壶、Ⅱ式盘口壶，Ⅲ式瓿，Ⅲ式罍，Aa Ⅳ式罐、Ac Ⅱ式罐、Ba Ⅰ式罐、Bb Ⅰ式罐，陶瓦，Ⅴ式五铢、大泉五十，石镞。

M13出土器物包括Ⅲ式盘口壶，Ⅲ式瓿，Ⅳ式罍，Aa Ⅳ式罐、Ba Ⅱ式罐、Bb Ⅰ式罐、Bb Ⅱ式罐、Bb Ⅲ式罐，灶，陶钱，Ⅳ式五铢。

M2出土器物包括未分式壶、Ⅴ式敞口壶，陶钱，Ⅳ式五铢，海蛤壳。

二 分期与年代

东蜀山汉墓存在打破关系的有如下几座：六朝砖室墓M1打破汉代土（岩）坑墓M2和M19、汉代土（岩）坑墓M2打破汉代土（岩）坑墓M3、宋代砖室墓M12打破汉代土（岩）坑墓M13、汉代土（岩）坑墓M23打破战国土（岩）坑墓M26、六朝砖室墓M24打破汉代土（岩）坑墓M25。根据开口层位和叠压打破关系可判断墓葬间的相对早晚关系。

9座汉墓中有6座出土铜钱，其中3座墓随葬半两，分别是M18、M3、M5；6座墓随葬五铢，分别是M18、M3、M5、M17、M13、M2；1座墓随葬大泉五十，为M17。M18、M3、M5同时出土半两和五铢，M17同时出土半两和大泉五十。此外，M5出土有原始瓷麟趾金，M3、M5、M13、M2出土有陶钱。以上出土各类实用币的铸造时间，史书中均有明确记载，而麟趾金、陶钱等冥币是模仿实用币而来。钱币具有鲜明的时代特征，为墓葬年代的上限提供了确切的依据，对区分墓葬的相对早晚关系具有重要作用。

根据前述墓葬形制与随葬品组合的变化，同时结合层位关系和随葬钱币情况，可将各组墓葬分成三期五段，断代如下：

第一期

包括第一组和第二组墓葬，为西汉中期墓。均为土（岩）坑墓，墓底两端各有枕木沟一条。

本期鼎、盒、壶、瓿、罐器物组合较为稳定，鼎、盒、壶成对出现。鼎盖顶装饰简化为三个乳突，腹部凸棱上移，双耳外撇且顶端低于盖面，平底下三蹄足变小，蹄足模印兽面纹；盒盖顶矮圆形捉手，深腹，平底；壶为敞口，束颈，腹部圆鼓，矮圈足；瓿最大径位于中上部，双耳顶端略低于口沿。器物型式与龙游东华山[1]、湖州方家山[2]、湖州杨家埠二十八号墩汉墓[3]、

〔1〕朱土生：《浙江龙游县东华山汉墓》，《考古》1993年第4期。
〔2〕浙江省文物考古研究所：《浙江湖州市方家山第三号墩汉墓》，《考古》2002年第1期。
〔3〕浙江省文物考古研究所：《湖州市杨家埠二十八号墩汉墓》，《浙江汉六朝墓报告集》，科学出版社，2012年。

青浦福泉山[1]、余杭义桥汉墓[2]等墓葬出土同类遗物相似。如 M18 出土的鼎、盒与青浦福泉山 M3 出土的鼎、盒类似，壶与余杭义桥 M29、M56 出土的壶类似；M3 出土的鼎、盒、瓿等与余杭义桥 M56、M42 出土的类似，罍与湖州方家山 D3M25、湖州杨家埠 D28M15 出土的类似。

M18、M3 出土的铜钱分五铢钱和半两钱两种，还出现了陶五铢，说明其年代上限不早于汉武帝元狩五年（前 118 年）。M3 出土的草叶纹铜镜与河北满城中山国靖王刘胜墓（元鼎四年，前 113 年）出土的草叶纹铜镜[3]相似；M18 出土的蟠螭纹铜镜（M18：15）与福泉山汉墓 M36 出土的铜镜[4]相似。本期出土遗物相似性极大，但是出土Ⅰ式鼎、Ⅰ式盒、Ⅰ式敞口壶的 M18 年代明显早于出土Ⅱ式鼎、Ⅱ式盒、Ⅱ式敞口壶的 M3。前者鼎、盒器身较高，敞口壶的肩部较高、下腹弧收不明显；而后者鼎、盒器身变矮，敞口壶腹部较鼓、下腹斜收明显。

综上，结合墓葬形制、器物组合以及器物特征，我们认为 M18、M3 两座墓的绝对年代约为汉武帝元狩五年之后到宣帝时期，即西汉中期，其中第一组墓葬年代应为西汉中期偏早，而第二组墓葬年代应为西汉中期偏晚。

第二期

包括第三组和第四组墓葬，为西汉晚期墓。均为土（岩）坑墓，部分墓葬底部仍保留枕木沟。

第三、四组器物组合中仍包含鼎和盒，但鼎从早期的三足逐渐简化成平底无足，鼎盖无纽，只保留双立耳；鼎、盒盖顶进一步简化变平。如 M5 出土的鼎分无足和有足两种造型，其中无足鼎（M5：2、11）为斜直腹，平底，与龙游东华山 M12 出土的鼎[5]较为接近；有足鼎（M5：3、12）为圆弧腹，外腹近底处贴附三足，足端与器底平齐，与西汉晚期湖州杨家埠第二十八号墩 M13 出土的鼎[6]大体相同。M19 出土的鼎则进一步简化，与西汉晚期龙游东华山鲁伯墓出土的鼎[7]一致。瓿式罐（M5：16）与江苏扬州胥浦 101 号墓出土的瓿[8]，以及湖州杨家埠第二十一号墩 M2 出土的瓿、方家山第八号墩 M2A 出土的瓿[9]较为接近。盘口壶（M5：19）口部隐约可见小盘口，是从喇叭口向盘口转变的过渡形态。M23、M25 出土器物较少，类型也比较单一。M25 出土的敞口壶底部圈足几近消失、趋向平底，瓿耳部低于口沿、器身浑圆。M23 出土的壶为平底，出土的罐与本墓地 M3 出土的 AcⅠ式罐较为接近，因此推测其年代不早于 M3，大致为西汉晚期。此外，M5 出土的钱币既有铜质和泥质的半两和五铢，还有原始瓷麟趾金，后者与方家山 M28[10]、马家山 M28 出土的原始瓷麟趾金[11]一致。

由前述组合形式可知，该时期随葬的陶瓷器无论是组合还是器形均具有较强的过渡性，如鼓腹三足鼎与斜腹无足鼎同时存在；鼎、盒器盖无装饰；敞口壶变为平底，盘口壶初露端倪。因此，

〔1〕王正书：《上海福泉山西汉墓地发掘》，《考古》1988 年第 8 期。
〔2〕杭州市文物考古所、余杭区博物馆：《余杭义桥汉六朝墓》，文物出版社，2010 年。
〔3〕中国社会科学院考古研究所、河北省文物管理处：《满城汉墓》，文物出版社，1978 年。
〔4〕王正书：《上海福泉山西汉墓地发掘》，《考古》1988 年第 8 期。
〔5〕龙游县文物管理委员会：《浙江龙游县东华山 12 号汉墓》，《考古》1990 年第 4 期。
〔6〕浙江省文物考古研究所：《湖州市杨家埠二十八号墩汉墓》，《浙江汉六朝墓报告集》，科学出版社，2012 年。
〔7〕朱土生、巫荣木：《龙游东华山西汉鲁伯墓》，《东方博物（第五十四辑）》，中国书店，2015 年。
〔8〕扬州博物馆：《江苏仪征胥浦 101 号西汉墓》，《文物》1987 年第 1 期。
〔9〕浙江省文物考古研究所：《浙江汉墓》，文物出版社，2016 年。
〔10〕浙江省文物考古研究所：《浙江湖州市方家山第三号墩汉墓》，《考古》2002 第 1 期。
〔11〕杭州市文物考古研究所、余杭博物馆：《杭州余杭汉六朝墓》，文物出版社，2017 年。

我们认为上述 4 座墓的绝对年代约为西汉元、成、哀、平四代，即西汉晚期，其中以 M5 为代表的第三组墓葬年代应为西汉晚期偏早，而第四组墓葬年代应为西汉晚期偏晚。

第三期

包括第五组墓葬，为新莽至东汉初期墓。均为土（岩）坑墓，部分墓葬底部仍保留枕木沟。

该期虽仍存在鼎、盒，但数量已由双数变为单数，形制进一步变小、简化；壶、罐的类型和数量增多；敞口壶的口部进一步外撇，出现盘口壶；罍的纹饰开始由席纹向栉齿纹过渡。M13 出土的盘口壶与江苏邗江宝女墩新莽墓Ⅲ式盘口壶[1]、余杭义桥 M47 出土的盘口壶[2]形制接近；M2 出土的敞口壶与余杭义桥 M59[3]、杨家埠 D2M3[4] 出土的敞口壶类似；M17 出土的盘口壶与湖州杨家埠 D28M13 出土的盘口壶[5]接近，敞口小壶同绍兴平水小龙斗 M48 出土的小壶[6]相似。M13 出土的瓿和罍与上虞牛头山西汉晚期至东汉早期墓[7]出土的同类器物相似；M17 出土的瓿和罍与杨家埠 D1M6 出土的瓿和罍[8]、余杭义桥 M58 出土的罍[9]接近。

此外，M17 出土的大泉五十钱纹清晰，为典型的新莽时期货币。

因此，我们认为上述 3 座墓的年代应不早于西汉晚期，约为新莽前后至东汉初期。

〔1〕扬州博物馆、邗江县图书馆：《江苏邗江县杨寿乡宝女墩新莽墓》，《文物》1991 年第 10 期。

〔2〕杭州市文物考古所、余杭区博物馆：《余杭义桥汉六朝墓》，文物出版社，2010 年。

〔3〕杭州市文物考古所、余杭区博物馆：《余杭义桥汉六朝墓》，文物出版社，2010 年。

〔4〕浙江省文物考古研究所、湖州市博物馆：《浙江省湖州市杨家埠古墓发掘报告》，浙江省文物考古研究所编《浙江省文物考古研究所学刊（第七辑）》，杭州出版社，2005 年。

〔5〕浙江省文物考古研究所：《湖州市杨家埠二十八号墩汉墓》，浙江省文物考古研究所编著《浙江汉六朝墓报告集》，科学出版社，2012 年。

〔6〕浙江省文物考古研究所、绍兴县文物保护管理所：《绍兴平水会稽村汉六朝墓发掘简报》，浙江省文物考古研究所编著《浙江汉六朝墓报告集》，科学出版社，2012 年。

〔7〕浙江省文物考古研究所：《上虞牛头山古墓葬发掘》，浙江省文物考古研究所编《沪杭甬高速公路考古报告》，文物出版社，2002 年。

〔8〕浙江省文物考古研究所、湖州市博物馆：《浙江省湖州市杨家埠古墓发掘报告》，浙江省文物考古研究所编《浙江省文物考古研究所学刊（第七辑）》，杭州出版社，2005 年。

〔9〕杭州市文物考古所、余杭区博物馆：《余杭义桥汉六朝墓》，文物出版社，2010 年。

第四章　六朝墓

第一节　墓葬分述

东蜀山墓地中属于六朝时期的墓葬共 7 座，其中 M1、M4、M24 为"凸"字形砖室墓，M22 为刀把形砖室墓，M15、M21 为长方形砖室墓，M6 为砖室墓，前端被毁，形制不明。现分述如下。

M1

M1 位于发掘区中部，西北角打破 M2、东部打破 M19。"凸"字形券顶砖室墓，方向 250°。墓口距离地表 0.15~0.8 米。墓葬由甬道、前室、主室、排水沟组成，破坏严重，顶部、封门已毁，墓壁、墓底遭到不同程度破坏。墓圹通长 8.1、内宽 2.14、深 1.9 米。甬道位于墓室前端正中，平面呈长方形，残长 1.72、外宽 1.94、内宽 1.16、残高 0.06~0.84 米。墓壁由长方形青砖以"三顺一丁"法砌成。铺地砖仅残存一小部分，为长方形青砖以"人"字形平铺。排水道位于甬道正中底砖下并向西延伸，现残留露出甬道处一段，近直，截面呈长方形，残长 1.84、上宽 0.4、下宽 0.48、高 0.24 米。墓室以一排丁砖为界分成前室和主室两部分。前室位于甬道东部、主室西部，东西长 1.56、残高 0.03~0.84 米。墓壁系长方形青砖以"三顺一丁"法砌成，高于主室及甬道 6 厘米（一层砖）。底部铺砖保存较完整，为长方形青砖以席纹平铺，其上残存棺钉 2 枚。主室位于前室东部，平面呈长方形，东西长 3.54、高 0.12~1.4 米。券顶残存北侧一小部分，残长 0.9 米，用楔形砖，外抹石膏。墙体由长方形青砖以"三顺一丁"法砌成。铺地砖为长方形青砖以"人"字形平铺，东部残缺。墓底残存棺钉 3 枚。（图 4-1~ 图 4-3）

墓砖为青砖，按形状可分为长方形和楔形两种，除券顶为楔形砖外皆为长方形砖，均素面无纹饰。

图 4-1　M1 清理前

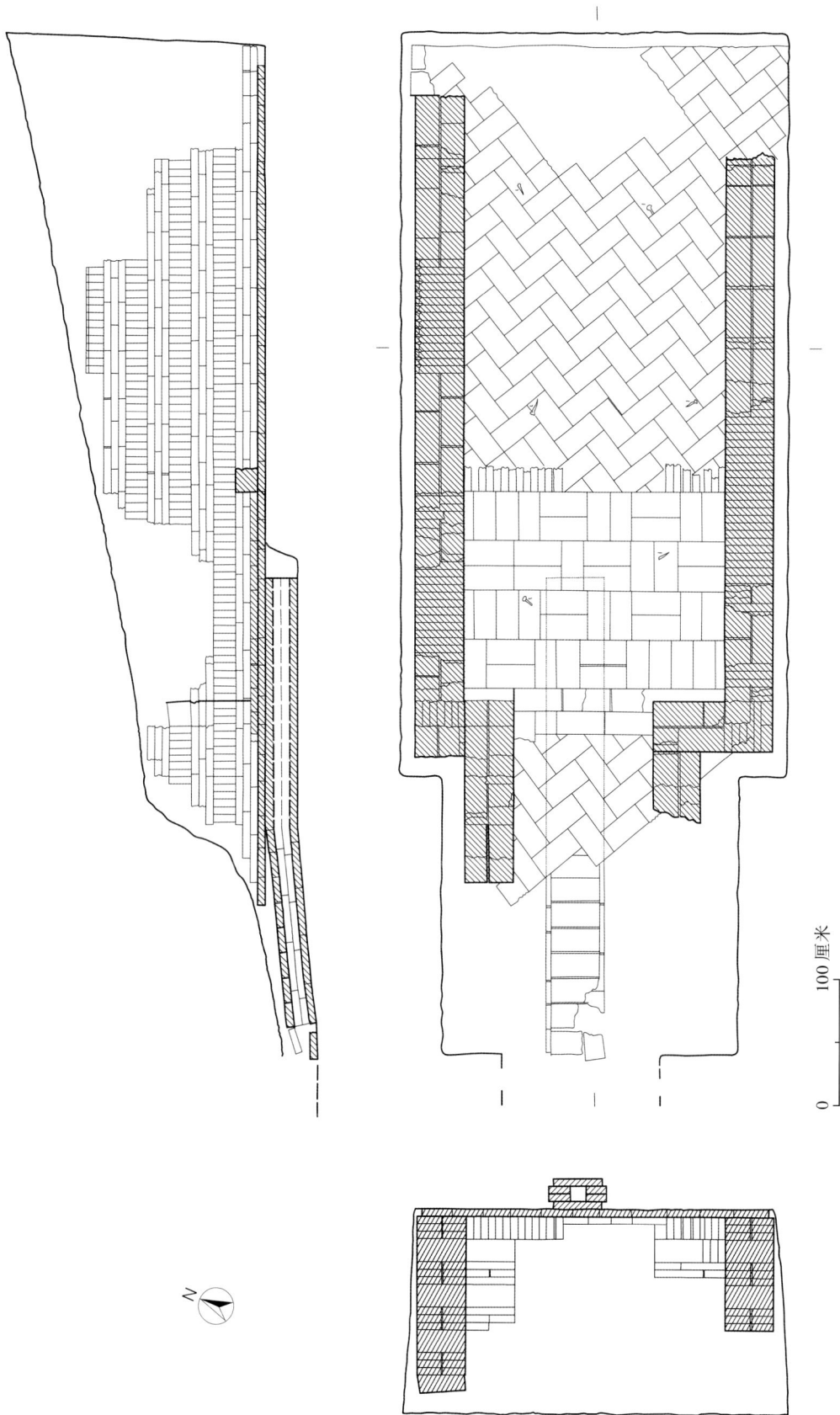

图 4-2 M1 平、剖面图

100 厘米

0

图 4-3 M1 清理后

图 4-4 M4 清理后

其中长方形砖长 39、宽 18、厚 6 厘米，楔形砖长 39、宽 18、厚 3~6 厘米。

墓内填土为灰褐色粗砂土，土质较疏松，包含少量碎石块、夹砂陶片及硬陶片。

墓葬破坏严重，未见人骨和随葬品。根据墓葬结构和发现的棺钉来看，推测原存在棺木。

M4

M4 位于发掘区中部，南邻 M3，西北为 M23、M26。"凸"字形券顶砖室墓，方向 260°。墓口距地表 0.3~1.1 米。墓葬破坏严重，顶部无存，残存墓室及部分甬道。墓圹长约 6.2、宽 1.78~3.2、深 0.1~0.6 米。甬道残长 1.2、残宽 1.1、残高 0.2 米。甬道墙体残存一小部分，为长方形青砖平铺叠砌而成。地砖破坏严重，为长方形青砖以"人"字形平铺而成。墓室平面呈长方形，东西长 4.26、南北宽 1.87、残高 0.2 米。左右及后壁由长方形青砖内外双层错缝平铺叠砌。地砖以"人"字形平铺而成。（图 4-4、图 4-5）

墓砖均为长方形青砖，长 36、宽 17、厚 4 厘米。铺地砖表面无纹饰，墓壁用砖朝向墓室的一侧模印菱纹。（图 4-6）

墓内填土为灰褐色粗砂土，土质较疏松，包含少量碎砖块、石粒、夹砂陶及硬陶片，清理过程中发现五铢铜钱 5 枚及青瓷盆残片若干。

破坏严重，未见人骨、葬具痕迹。

铜钱

5 枚。M4：01，圆形方孔，穿较大，较轻薄。正面穿外篆文"五铢"。直径 2.7、厚 0.1 厘米。（图 4-7：1）

青瓷盆

1 件。M4：02，由填土中采集的残片拼对而成。尖圆唇，敞口微敛，斜弧腹，平底内凹。内壁口沿及近底部各有凹弦纹一周，内底外缘

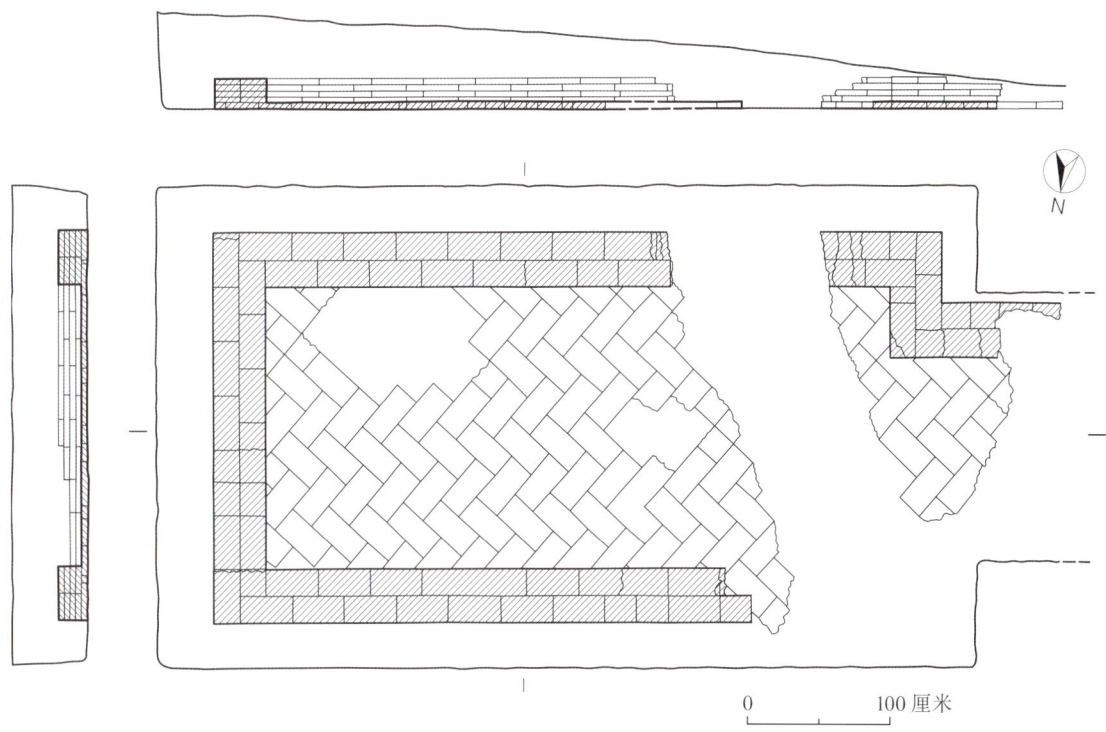

0   100厘米

图 4-5 M4 平、剖面图

图 4-6 M4 墓砖

1. M4:01（铜钱）

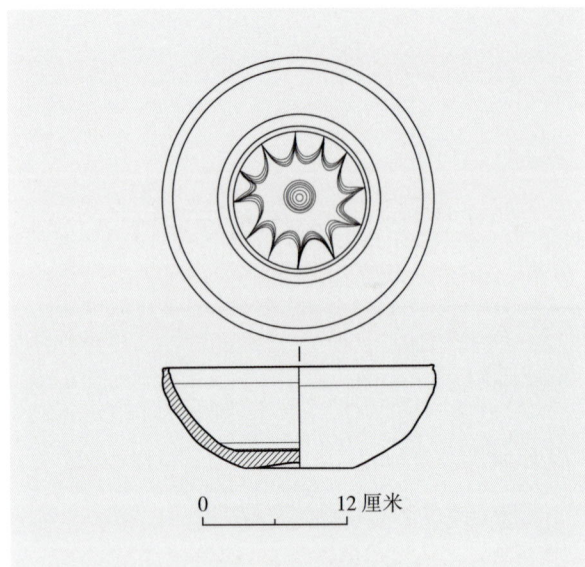

0   12 厘米

2. M4:02（青瓷盆）

图 4-7　M4 填土采集器物

3. M4:02（青瓷盆）

划凹弦纹两周，其内饰连弧箆划纹一组，底心饰涡纹。浅灰胎，胎质较坚致。内外施青釉，外施釉不及底，釉层局部剥落。外底生烧呈浅橘色。口径 22.2、底径 8.5、高 8 厘米。（图 4-7:2、3）

M6

位于发掘区中南部，南邻 M7，东北为 M5。砖室墓，前端被毁，形制不明，方向 256°。墓口距地表 0.2~1.5 米。破坏严重，西端残缺，墓壁整体向西倾斜。墓圹残长 7.4、宽 3.4、深 0.2~1.74 米。墓室外残长 6.74、宽 2.6~2.8 米，内残长 6.4、宽 1.76~2 米，残高 0.6~1.24 米。左右及后壁均由双层墓砖按"三顺一丁"法砌筑。墓底铺砖分上下两层，扰乱严重，上层对缝平铺、下层纵向铺砌。

图 4-8　M6 清理后

图 4-9　M6 墓砖

（图 4-8、图 4-10）

墓砖均为长方形青砖，长 38、宽 18、厚 6 厘米。（图 4-9）

墓内填土为灰褐色砂土，土质较疏松，包含较多残砖、碎石及植物根茎。

破坏严重，未发现人骨、葬具及随葬品。

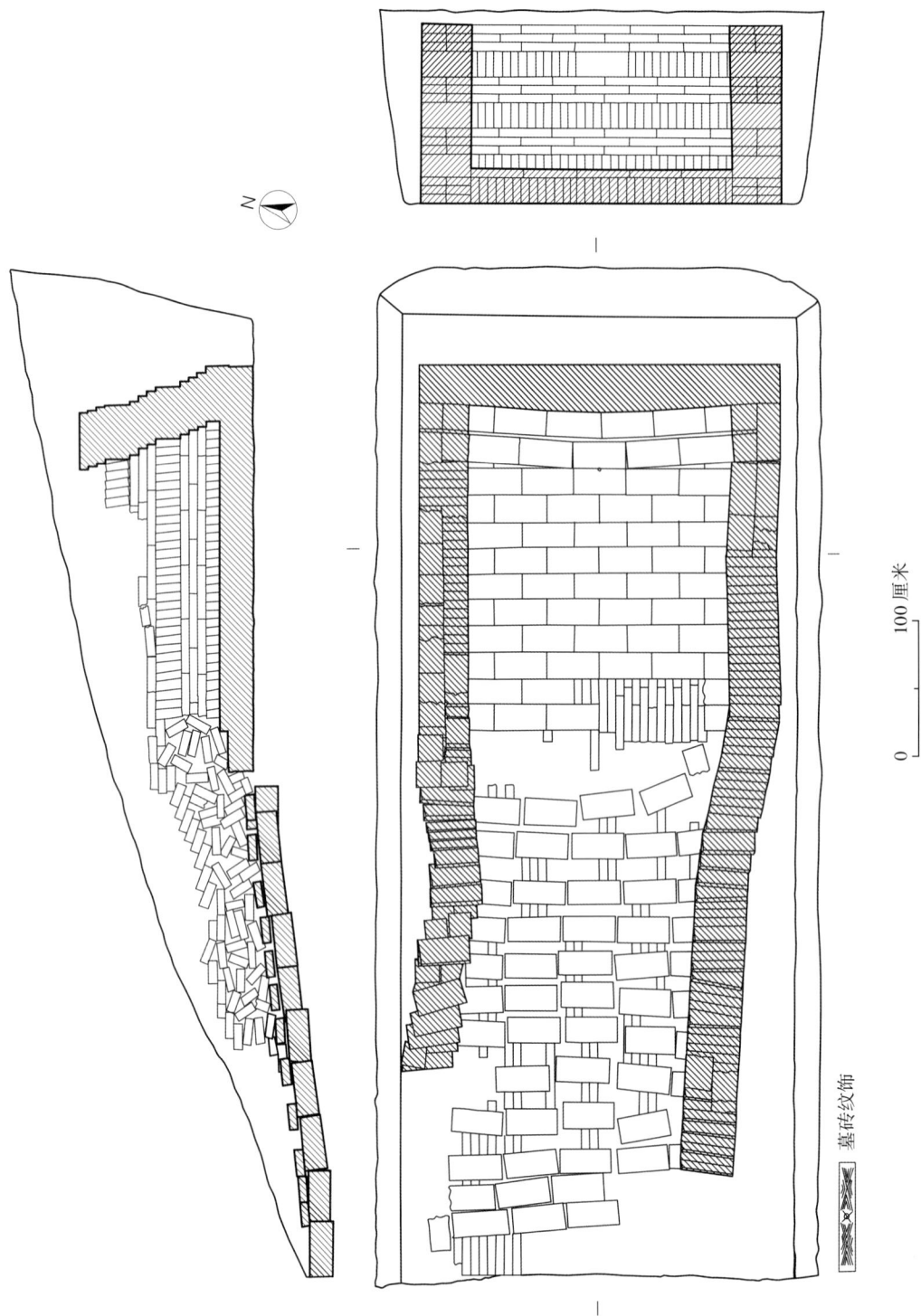

墓砖纹饰

0 100 厘米

图 4-10 M6 平、剖面图

M15

位于发掘区西北部，东南为 M14。长方形砖室墓，方向 300°。墓口距地表 0.5~1.4 米。被近现代墓打破，破坏极严重，墓室结构无存，仅保存墓圹。墓口长约 5.5、宽 2.52~2.6 米，墓底长 5.4、宽 2.44 米，深 0.4~0.6 米。墓壁及墓底均被破坏，于填土中可见大量青灰色残砖。（图 4-11、图 4-12）

墓砖为长方形，长 31.5、宽 14.5、厚 4.5 厘米，侧面模印有菱形纹饰。

墓内填土为灰褐色粗砂花土，土质较疏松，包含大量残砖、少量硬陶片及红褐色夹砂鼎足残片。

未发现人骨和葬具，清理填土时出土五铢铜钱 1 串、石锛 1 件。

铜钱

1 串，共 9 枚。M15：01，圆形方孔，正面穿外无郭，背面穿外有郭。正面穿外篆文"五铢"，字体工整。直径 2.4、厚 0.3 厘米。（图 4-13：1）

石锛

1 件。M15：02，页岩，灰白色。长方形，单面刃。长 4.9、宽 1.5、厚 0.5~0.7 厘米。（图 4-13：2、3）

图 4-11　M15 清理前后

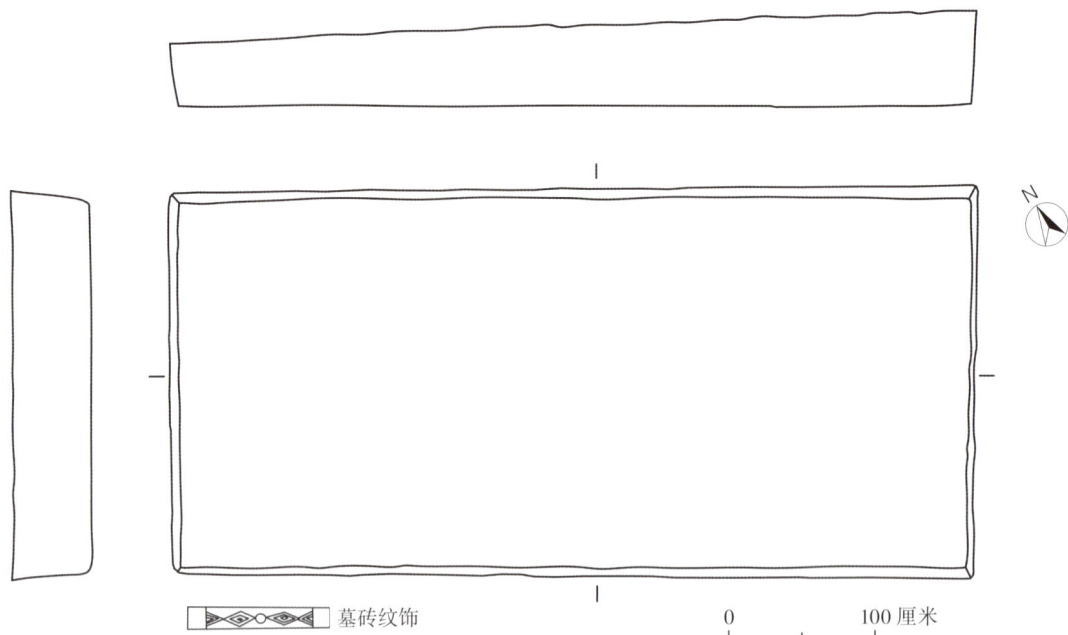

墓砖纹饰   0   100 厘米

图 4-12   M15 平、剖面图

1. M15 : 01（铜钱）

0   6 厘米

2. M15 : 02（石锛）

3. M15 : 02（石锛）

图 4-13   M15 填土采集器物

M21

M21 位于发掘区西北部，T2 探方西部，开口于②层下，西北为 M12。长方形砖室墓，方向263°。墓口距地表 1.8 米。墓室破坏严重，顶部无存。墓室平面呈长方形，外长约 3.88、宽约 1.1米，内长约 3.7、宽 0.7 米，残高 0.1~0.46 米。墓室南、北、东三壁由长方形青砖按"四顺一丁"法平铺叠砌而成，西壁无存。墓室底砖以"人"字形平铺。（图 4-14、图 4-15）

图 4-14 M21 清理前后

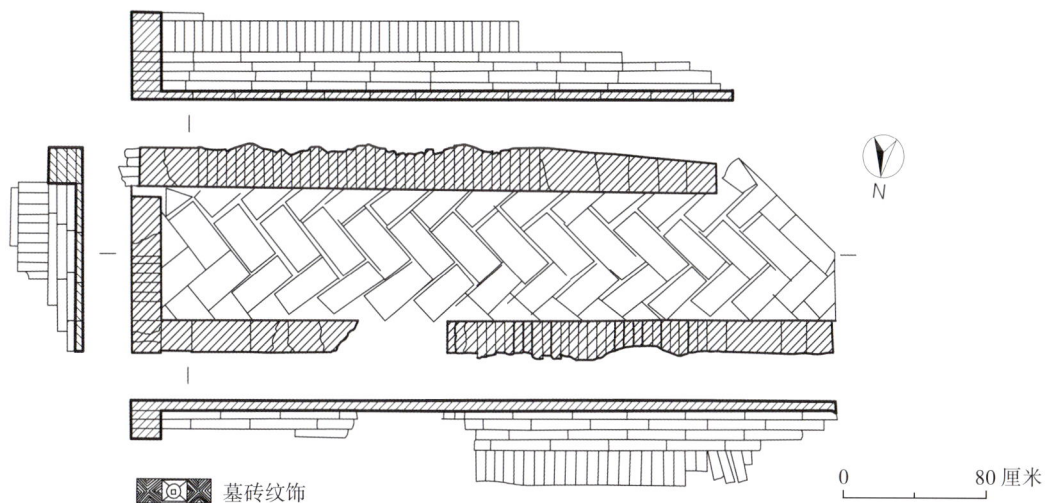

墓砖纹饰

0   80 厘米

图 4-15 M21 平、剖面图

图 4-16 M21 墓砖

盘口壶口部

图 4-17 M21 填土采集器物

墓砖均为长方形青砖，长 32~38、宽 16、厚 5 厘米。铺地砖表面无纹饰，墓壁用砖朝向墓室的一侧模印菱纹和钱纹。（图 4-16）

墓内填土为红褐色黏土，土质较疏松，包含大量砖块、陶瓷残片。

破坏严重，未见人骨、葬具痕迹及随葬品。填土中采集一盘口壶口部。（图 4-17）

M22

位于发掘区中西部，北为 M21。刀把形券顶砖室墓，方向 272°。墓口距地表 0.7 米。由墓室、甬道、封门组成，通长 4.8、宽 1.32~2 米。封门位于甬道前部，破坏严重，仅残存一层底砖。甬道位于墓室西侧，平面呈长方形，长 1.05、内宽 0.98、残高 0.54 米。墓室平面呈长方形，后壁略变形内凹，内长约 3.48、宽 1.65、残高 1.52~1.89 米。墓室左右及后壁下部为"三顺一丁"法砌筑，共四组；上部为平砖错缝叠砌，第六层开始起券。墓底砖均以"人"字形平铺，自封门又向前延伸约 0.7 米。（图 4-18、图 4-19、图 4-21）

墓砖为长方形，长 36、宽 12、厚 5~6 厘米。部分墓砖侧面模印铜钱纹、几何纹，后壁墓砖发现有反书铭文"晋咸安二年（372 年）""咸安八月廿日起功"。（图 4-20）

墓内填土为灰褐色粗砂花土，土质较疏松，包含大量残砖、少量硬陶片及红褐色夹砂鼎足

图 4-18 M22 清理前后

图 4-19　M22 清理前后

拓片 1（镜像图）　　　拓片 2（镜像图）

图 4-20　M22 墓砖

墓砖纹饰

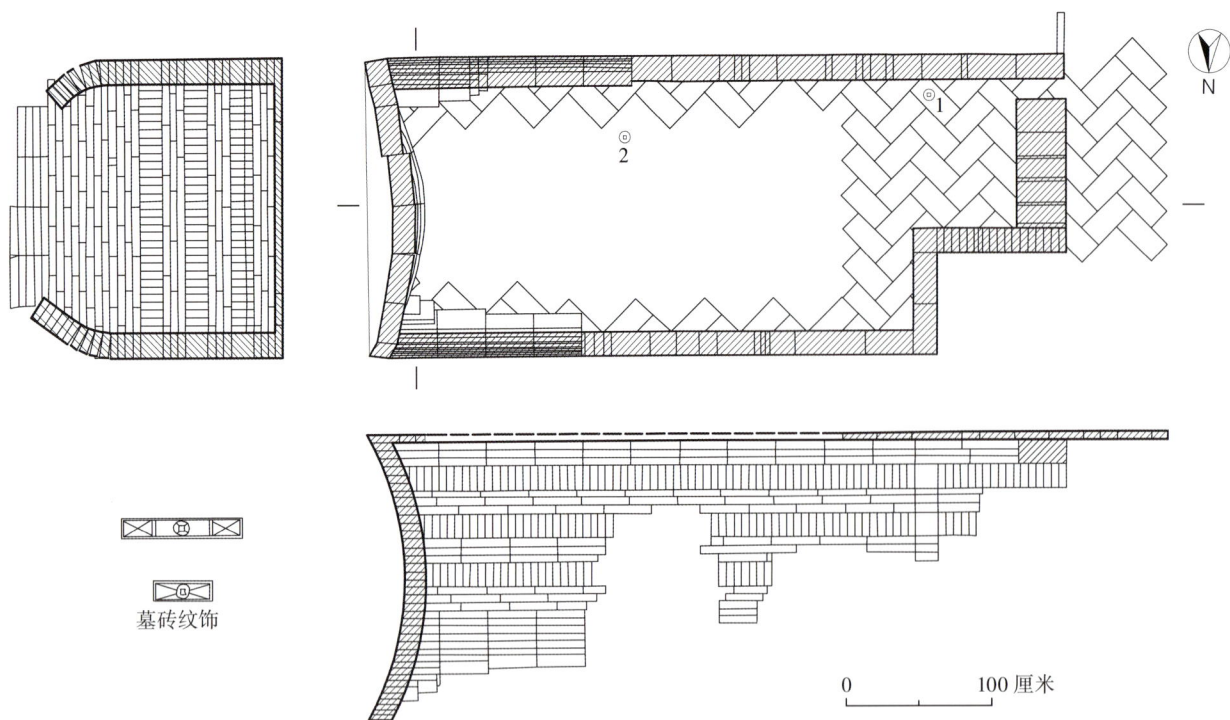

图 4-21　M22 平、剖面图
1. 五铢铜钱　2. 五铢铜钱

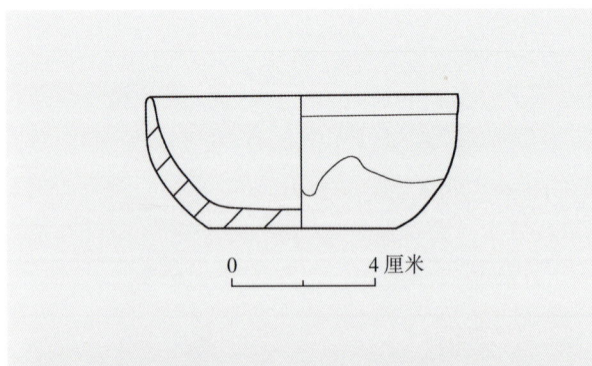

M22：01（青釉点彩小碗）

图 4-22　M22 填土采集器物

残片。

未发现人骨和葬具。甬道南侧出土铜钱 2 枚，墓室中部偏南出土铜钱 1 枚，填土中采集青釉点彩小碗 1 件。

五铢铜钱

3 枚。圆形方孔，背面出郭，正面穿外篆文"五铢"。较为轻薄。

M22：1，2 枚，其中 1 枚残。出土于甬道南侧。直径 2.6、厚 0.1 厘米，穿边长 1 厘米。

M22：2，1 枚。出土于墓室中部偏南。直径 2.5、厚 0.1 厘米，穿边长 1 厘米。

青釉点彩小碗

1 件。M22：01，直口，弧腹，平底，内底呈圆形下凹。灰胎，内外施青釉，口沿褐色点彩，内满釉，外施釉不及底。釉层较干涩，细碎开片，釉色因土沁而偏黄。内底有较多落渣，外底局部可见釉斑。口径 8.6、底径 5.2、高 3.5 厘米。（图 4-22）

M24

M24 位于发掘区东部，西南打破 M25。"凸"字形券顶砖室墓，方向 253°。墓口距地表约 0.6 米。通长 6.2、宽 2.18、残高 1.26 米。后壁距土圹约 0.3 米、北壁距土圹约 0.2 米、南壁距土圹约 0.37 米。甬道位于墓室西部，长 1.67、宽 0.79、残高 0.38 米。甬道前端正中地砖下设排水沟，长约 0.8 米，为三列青砖呈"品"字形排列，上部已被破坏。墓室内长约 4.2、宽 1.8 米，北壁残高 1.04 米；南壁残高 0.97 米；后壁残高约 1.26 米，第 16 层起券，仅残存一层顶砖。墓壁为三顺一丁、四顺一丁或五顺一丁砌成。墓底分两段，前室较低，为单层青砖平铺而成；后室为棺床，长约 3.3 米（后壁至甬道方向），由两层青砖平铺而成，高出前段约 0.3 米。前后室交界处另设一层丁砖。（图 4-23~图 4-26）

墓砖按形状可分为正方形和长方形两种，其中正方形砖边长 34、厚 5 厘米，长方形砖长 28、宽 12、厚 4 厘米。部分墓砖有模印菱纹或反书纪年铭文"咸康八年（342 年）七月六日奉车都尉张"。（图 4-27）

墓内填土为灰褐色粗砂花土，土质较疏松，包含较多残砖、碎石及植物根茎。

未发现人骨和葬具。随葬品仅在墓室前端近甬道处发现青瓷小碗 1 件。

青瓷小碗

1 件。M24：1。微敛口，斜弧腹，下腹斜收，平底。灰胎。内外施青釉，口沿等距四点褐彩，内满釉，外施釉不及底。釉玻璃质感较强，釉层开片，内底积釉。外壁可见旋削痕，外底粘连窑渣。口径 7.2、底径 4.1、高 3 厘米。（图 4-28）

图 4-23 M24 清理前

图 4-24　M24 清理后

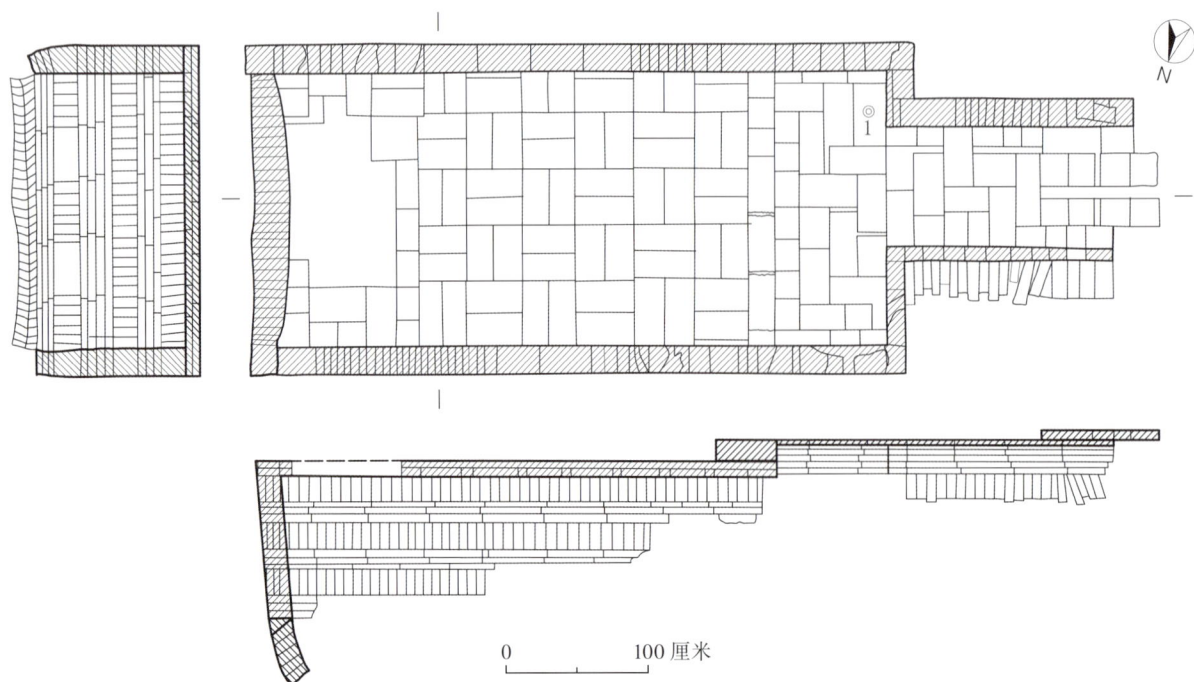

0　　　　100 厘米

图 4-25　M24 平、剖面图
1.青瓷小碗

图 4-26　M24 墓室结构

拓片1（镜像图）　　　　　拓片2（镜像图）　　　　　拓片3

图 4-27　M24 墓砖

M24：1（青瓷小碗）

图 4-28 M24 出土器物

第二节 墓葬形制及随葬品分析

东蜀山墓地中的六朝时期墓葬均为砖室墓，数量少但类型较为丰富，平面形状有"凸"字形、刀把形、长方形。其中"凸"字形砖室墓 3 座（M1、M4、M24），刀把形砖室墓 1 座（M22），长方形砖室墓 2 座（M15、M21）。另有 1 座前端被毁，形制难辨（M6）。

通长基本在 3.8~8.1 米，以 5~6 米为多；宽基本在 1.1~3.4 米，以 2~2.5 米为多。墓室规格最大的为 M1，通长 8.1、内宽 2.14 米；规格最小的为 M21，内长 3.7、内宽 0.7 米。

砌筑方式为挖土圹—铺底—砌壁—券顶。墓前开始出现砖砌排水道。墓室既有单室，也有隔开的前后室或砖砌的棺床。墓壁砌法基本为顺丁组合，墓底砖砌法则有"人"字形和对缝平铺。

墓砖绝大多数为长方形青砖，也有少量方形砖和楔形砖，方形砖用于铺地，楔形砖用于券顶。墓砖以素面为主，也有少量模印有纹饰，如钱纹、几何纹、菱纹和文字等，大多位于墓砖侧面。

纪年墓共有 M22、M24 两座，其中 M24 的纪年铭文"咸康八年七月六日奉车都尉张"，为研究当时的官制和人员调动提供了线索。

该时期墓葬保存状况较差，未发现人骨和葬具。随葬品数量少、种类单一，仅发现青瓷 2 件、铜钱数枚、石锛 1 件。其中"咸康八年"纪年墓 M24 发现的越窑青釉点彩小碗（M24：1），为判断六朝时期越窑产品的年代提供了可供比较的纪年材料。

第三节 墓葬年代

7 座墓葬中，M22 和 M24 发现带有明确纪年信息的铭文砖，其余 5 座墓葬未发现有明确纪年的遗物，年代主要根据地层和叠压打破关系、墓葬形制、随葬品特征进行判断。

M22 为刀把形券顶砖室墓，由墓室、甬道、封门组成，墓室左右及后壁下部为"三顺一丁"法砌筑，上部为平砖错缝叠砌，墓底砖均以"人"字形平铺，为浙江地区两晋时期常见的形制。墓砖纹饰有钱纹、几何纹。墓砖纪年模印铭文为"晋咸安二年"。因此 M22 的年代应为东晋时期。

M24 墓砖纹饰主要为菱纹，纪年模印铭文为"咸康八年七月六日奉车都尉张"。其"凸"字形砖室墓、墓葬后室设棺床的做法多流行于当地东晋时期墓葬，出土的青瓷点彩小碗亦符合东晋越窑青瓷的特征。因此 M24 的年代应为东晋时期。

M1 西北角打破 M2、东部打破 M19，为"凸"字形券顶砖室墓，由墓室、甬道、排水沟三部分构成，其中墓室以一排丁砖为界分成前室和主室两部分，主室设砖塌。墓壁为长方形青砖以"三顺一丁"法砌成，主室和甬道底部为长方形青砖以"人"字形平铺而成。此种做法还见于奉化白杜乡晋墓 M1、M2[1]。因此 M1 的年代大致在两晋时期。

M4 为"凸"字形券顶砖室墓，残存墓室及部分甬道。墓壁为内外双层错缝平铺叠筑，墓室底砖以"人"字形平铺。墓壁用砖朝向墓室的一侧模印菱纹。其填土中清理出土的青瓷盆为三国时期的青瓷，内底纹饰见于嵊州市三国吴宝鼎二年（267 年）墓出土的青瓷洗[2]。因此 M4 的年代可能为三国时期前后。

M6、M15、M21 未发现随葬品，M15 填土所出的五铢钱和石锛亦无法提供有效的纪年信息，因此对其年代的推测只能依据墓葬形制。3 座墓葬均为长方形砖室墓，墓向也基本一致，年代粗略归入东晋南朝时期。

---

〔1〕宁波市考古研究所：《浙江奉化市晋纪年墓的清理》，《考古》2003 年第 2 期。
〔2〕浙江省文物考古研究所：《浙江纪年墓与纪年瓷·绍兴卷》，文物出版社，2019 年。

第五章　宋明清墓

第一节　墓葬分述

东蜀山墓地中六朝以后的墓葬共10座，分别是M7、M8、M9、M10、M11、M12、M14、M16、M20、M27，时间跨度为宋明清时期。其中M27为长方形竖穴土（岩）坑墓，M10为窄长方形单室砖室墓，M16为长方形单室砖室墓，其余均为长方形双室砖室墓。

M7

位于发掘区中部偏南，北邻M6。长方形双室砖室墓，方向256°。墓口距地表0.3~1.2米。破坏较严重，墓顶无存。墓圹长约4.1、宽约2.48、深0.76~0.94米。南北两墓室错位并列，南侧墓室较北侧墓室偏东0.4米。南侧墓室平面近长方形，西侧开排水沟一条。墓室长2.6、宽1.16米。墓壁保存较差，系青砖错缝平砌而成，残高0.15~0.42米。墓底砖保存较完整，由方形和长方形青砖夹杂平铺。排水沟由长方形青砖三面围成，底部无砖，截面近方形，长1.28、高0.2米。北侧墓室平面近长方形，长2.56、宽1.08米。墓壁系青砖错缝平砌而成，受外力而倾斜变形，残高0.35~0.46米。墓底砖较完整，由两列方砖对缝平铺。（图5-1~图5-3）

墓砖按形状可分为方形和长方形两种，其中方形砖边长46、厚6厘米，长方形砖长39、宽19、厚6厘米。方形砖仅用于墓底，部分长方形砖侧面模印交错菱纹。（图5-4）

墓内填土为灰褐色粗砂土，土质疏松，包含少量残砖、石块和植物根茎。

未发现人骨、葬具和随葬品。

图5-1　M7清理后

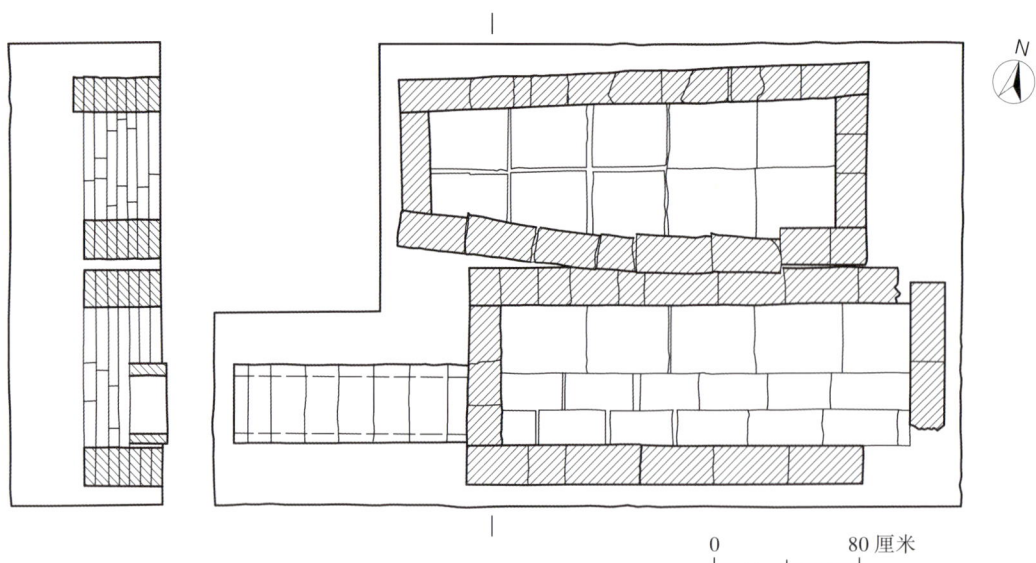

图 5-2 M7平、剖面图

0   80厘米

图 5-3 M7排水沟

图 5-4 M7墓砖

M8

位于发掘区中部，东北邻 M1，东南邻 M6。长方形双室券顶砖室墓，方向 226°。两墓室南北错位并列，南侧墓室较北侧墓室偏东 0.11 米。南侧墓室平面近长方形，长 2.4、宽 0.92 米。破坏较严重，墓顶仅残留东半部一段券顶。墓室四壁保存较完好，系青砖错缝平砌而成，墙体受外力作用向西

图 5-5　M8 清理前后

北倾斜，残高 0.56~0.74 米。墓底砖保存较完整，由方形和长方形青砖夹杂平铺。墓底残留棺钉 4 枚。人骨 1 具，仰身直肢，残长 1.5 米，为男性。北墓室平面近长方形，长 2.4、宽 0.8 米。破坏较严重，墓顶仅见东北端一段券顶。墓室四壁保存较好，整体向西北倾斜，系青砖错缝平砌而成，残高 0.48~0.74 米。墓底砖较完整，由方形和长方形青砖相杂平铺。墓底残留棺钉 6 枚。人骨 1 具，仰身直肢，残长 1.4 米，为女性。（图 5-5、图 5-6）

墓砖按形状可分为方形和长方形两种，其中方形砖边长 48.5、厚 6 厘米，长方形砖长 29、宽 12.5、厚 6 厘米。方形砖仅用于墓底。部分长方形砖侧面模印"永和"字样。

墓内填土为灰褐色粗砂土，土质疏松，包含少量残砖、石块和植物根茎。

人骨 2 具，棺钉共 10 枚，未发现随葬品。

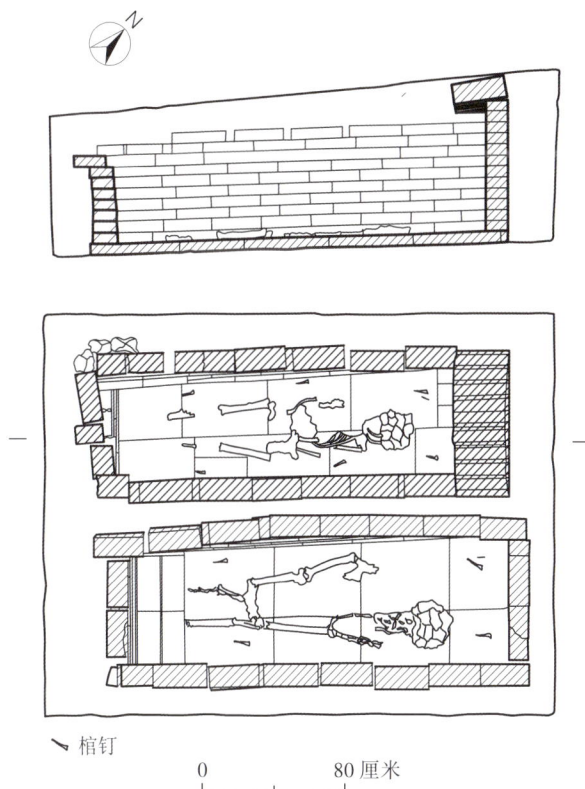

＼ 棺钉

0　　　　　　　　80 厘米

图 5-6　M8 平、剖面图

M9

位于发掘区东南部，南邻 M10。长方形双室砖室墓，方向 252°。墓口距地表 0.4 米。长方形墓圹长 2.87、宽 1.8、深 1.22~1.64 米。破坏较严重，墓顶无存。左右双室结构，错位并列，北部墓室较南侧墓室略偏东 0.32 米，分别筑墓壁。北墓室平面近梯形，外长 2.44、宽 0.64~0.72 米，内长 2.24、宽 0.36~0.47 米，墓壁残高 0.48~0.63 米。南墓室平面呈长方形，外长 2.32、宽 0.68 米，内长 2.11、宽 0.47 米，墓壁残高 0.48~0.56 米。墓壁系青砖错缝平砌而成，略倾斜。墓底砖保存较完整，由方形和长方形青砖夹杂平铺而成。（图 5-7、图 5-8）

墓砖按形状可分为方形和长方形两种，其中方形砖边长 48.5、厚 6 厘米，长方形砖长 29、宽 12.5、厚 6 厘米。方形砖仅用于墓底。

墓内填土为灰褐色粗砂土，土质疏松，包含少量残砖、石块和植物根茎。

图 5-7　M9 清理前后

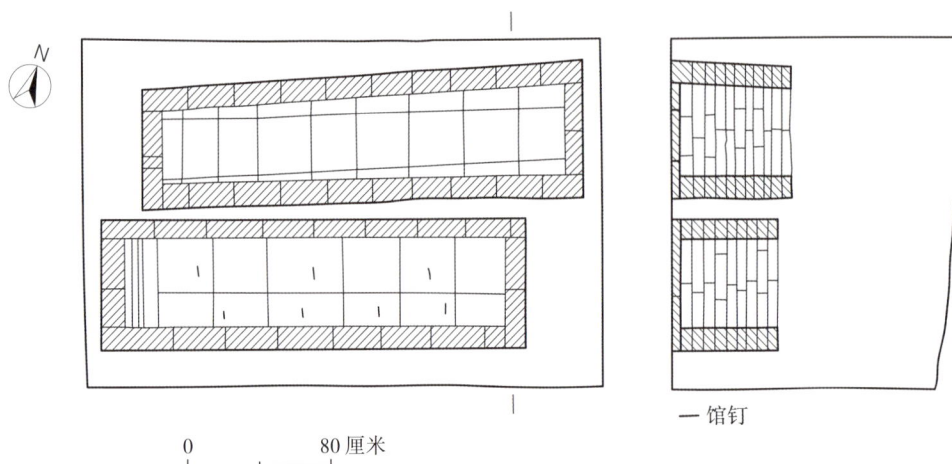

0　　　　　80 厘米

—馆钉

图 5-8　M9 平、剖面图

M9∶01（铜钱）

图 5-9　M9 填土采集器物

根据出土棺钉判断原有木棺等葬具。未发现随葬品，于填土中采集铜钱 6 枚。

铜钱

6 枚。M9∶01，圆形方孔，两面穿外铭文模糊难辨。直径 1.8~2、厚 0.1~0.2 厘米，穿边长 0.5 厘米。（图 5-9）

M10

位于发掘区东南部，北邻 M9，南邻 M11。窄长方形单室砖室墓，方向 256°。墓口距地表 0~0.4 米。破坏较严重，墓顶已无存。墓圹长 3.06、宽 1.2、深 0.68~1 米。砖椁呈窄长方形，外长 2.59、宽 0.7~0.8 米，内长 2.3、宽 0.46~0.58 米。墓壁系长方形青砖错缝砌成，高 0.42~0.68 米。墓底由方形和长方形青砖相杂平铺，中部有一个方形腰坑，边长 34 厘米。（图 5-10、图 5-11）

墓砖按形状可分为方形和长方形两种，其中方形砖边长 34、厚 6 厘米，长方形砖长 34、宽 19、厚 6 厘米。方形砖仅用于墓底。

图 5-10　M10 清理后

墓内填土为灰褐色粗砂土，土质疏松，包含少量石块和植物根茎。

除墓底发现 6 枚棺钉外，未见人骨和随葬品。

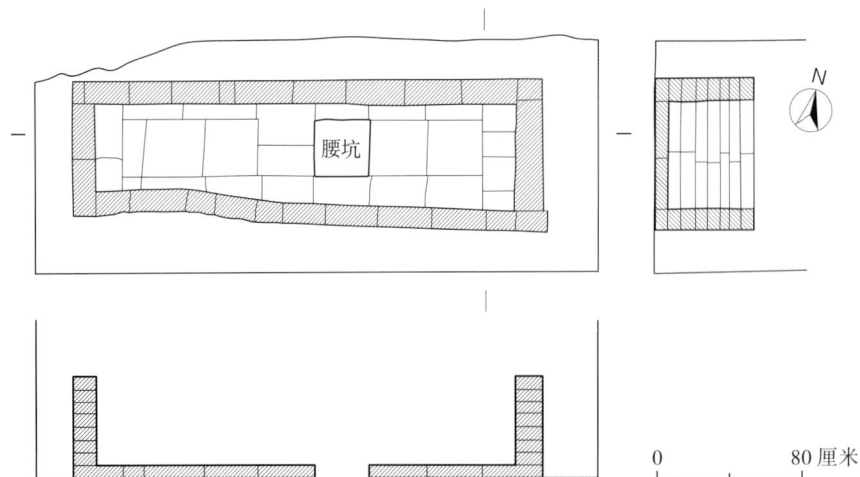

图 5-11 M10 平、剖面图

M11

位于发掘区东南部，北邻 M10。长方形双室券顶砖室墓，方向 260°。墓口距地表约 0.3 米。保存较好。长方形墓圹，四壁较直，平底，长 3.34、宽 2.56、深 0.78~1.2 米。券顶为单层楔形砖纵砌而成，东南两壁错缝平铺叠砌，南北两壁以"二顺一丁"法叠砌而成，墓底方砖对缝平铺，两室共用一个墓壁。北室长 2.24、宽 0.7、高 0.88 米，南室长 2.36、宽 0.8、高 0.88 米。券顶外部及砖缝用白膏泥粘连。（图 5-12、图 5-14）

墓砖均为青灰砖，按形状可分为三种：券顶楔形砖，长 34、宽 19、厚 5.5~7 厘米，端面模印"朱府"；墓壁长方形砖，长 34、宽 19、厚 7 厘米；墓底方形砖，边长 40、厚 6 厘米。（图 5-13）

墓内填土为灰褐色粗砂土，土质疏松，包含少量残砖、石块和植物根茎。

北室东部见残碎的头骨。两室墓底均见棺钉，未发现随葬器物。

M12

位于发掘区西北部，东北为 M14，西北打破 M13。长方形单室砖室墓，方向 234°。墓口距地表 0.4~0.5 米。生土上开挖墓圹，平底铺砖，再砌墓壁。墓圹平面近窄长方形，四壁近直，下部微收，长 4.28、宽 1.4~1.6、深 0.7~1.2 米。墓室破坏较严重，顶部已无存，仅存墓壁一周，均为残砖垒砌而成。南、北、东三壁以"三顺一丁"法砌成；西部为封门，错缝平砌，略宽于墓室。墓室外长 3.5、宽 1.16 米，内长 2.74、宽 0.81 米，墓壁残高 0.3~0.86 米。封门略倾斜，长 1.5、宽 0.38、残高 0.26 米。墓室东壁开长方形壁龛两个，长 0.17、宽 0.12、进深 0.1 米，未见遗物。铺地砖保存较完整，"人"字形平铺。（图 5-15、图 5-16）

墓砖为长方形，长 30、宽 16、厚 6 厘米。

墓内填土为灰褐色砂土，土质较疏松，包含少量残砖、陶片及植物根茎。

未发现人骨，墓底散见棺钉 3 枚，故判断原有木棺。出土四系瓶 2 件，分别位于墓室西北角和南壁处；铜钱 9 枚，位于墓底东部。（图 5-17）

图 5-12 M11 清理前后

图 5-13 M11 墓砖

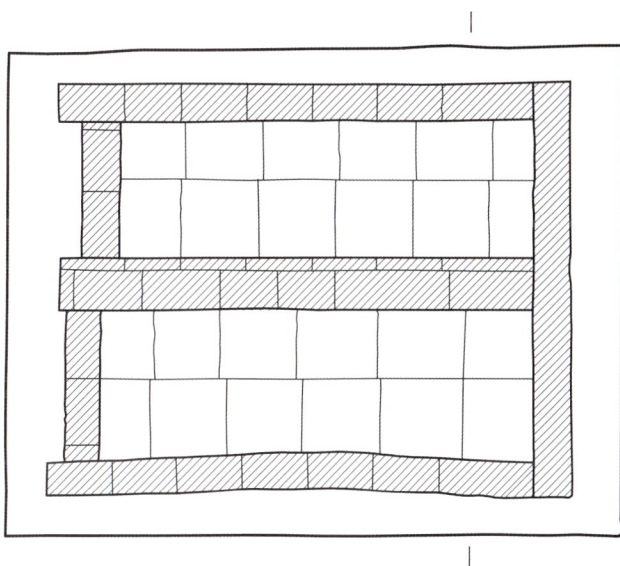

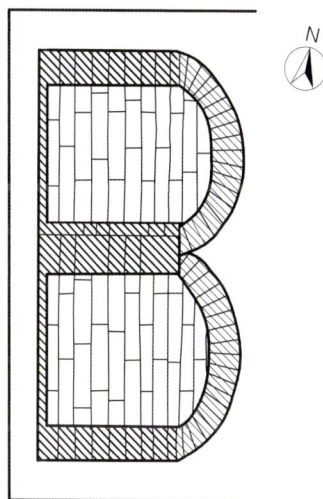

图 5-14 M11 平、剖面图

图 5-15　M12 清理前后

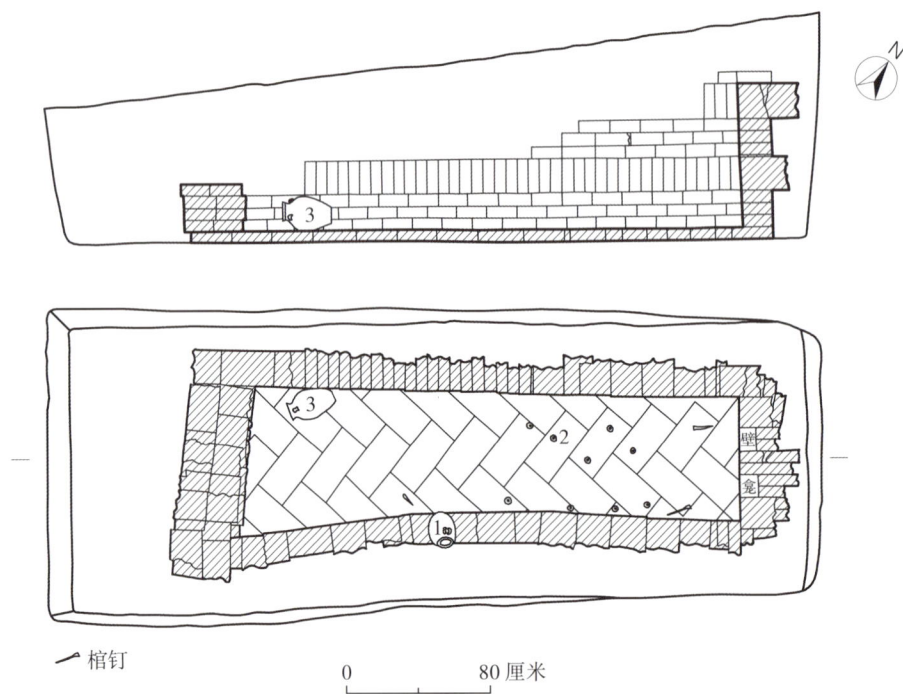

图 5-16　M12 平、剖面图
1. 四系瓶　2. 铜钱　3. 四系瓶

图 5-17　M12 器物出土情况

四系瓶

2 件。

M12∶1，平唇，敞口，矮领，溜肩，弧腹，下腹部一侧略内凹，平底略内凹。肩部两侧各贴附双系一对。胎体较厚重，表面呈酱褐色。腹部可见拉坯留下的旋纹，外底见凹弦纹两周。口径 7.7、腹径 13.6、底径 6.7、高 18.8 厘米。（图5-18∶1、图 5-19∶1）

M12∶3，凸圆唇，直口微敛，短束颈，溜肩，长弧腹，平底略内凹。肩部等距贴附 4 个半环状立耳。灰胎，较厚重。外刷釉至肩部；内荡釉，除近口部外基本满釉。釉色姜黄，釉层不均，局部积釉。无釉处呈红褐色。口径 9.4、腹径 16.3、底径 9.1、高 27.2 厘米。（图 5-18∶2、图 5-19∶2）

铜钱

9 枚。M12∶2，圆形方孔。其中开元通宝 5 枚，两面穿外出郭；另 4 枚文字不可辨。直径 2.4、厚 0.1~0.15 厘米。（图 5-20）

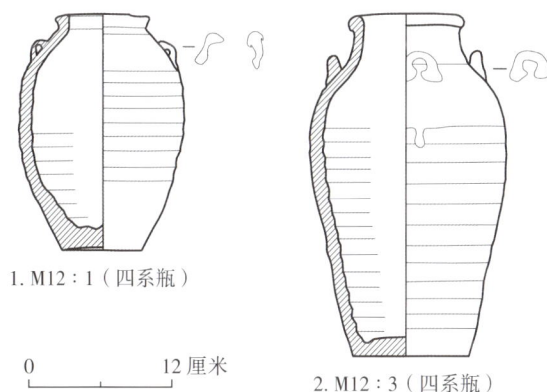

1. M12∶1（四系瓶）　　2. M12∶3（四系瓶）

0 ——— 12 厘米

图 5-18　M12 出土器物

1. M12：1（四系瓶）

2. M12：3（四系瓶）

图 5-19　M12 出土器物

M12：2（铜钱）

图 5-20 M12 出土器物

图 5-21 M14 清理前后

M14

位于发掘区西北部，西南为 M12、M13，西北为 M15。长方形双室砖室墓，方向 280°。墓口距地表 0.35~0.6 米，破坏严重。墓圹平面呈长方形，四壁近直，近底部略内收，长 3.08、宽 2.76、深 0.46~0.8 米。由南、北两墓室构成，顶部均无存。南侧墓室外长 2.58、宽 1.08~1.14 米，内长 2.34、宽 0.88~0.96 米。无铺地砖。墓壁残存一周，系长方形青砖错缝平砌，残高 0.2~0.64 米。未发现人骨和随葬品，底部填土清理出棺钉 6 枚。北侧墓室破坏更为严重，外长约 2.6、宽 1.2~1.44 米，底部内长 2.34、宽 1~1.2 米。无铺地砖。仅残存南壁，墙体系错缝平砌而成，残高 0.04~0.46 米。墓底中部有一个用四块青砖围成的方形腰坑，边长 34 厘米，腰坑内径 11 厘米，内置小陶罐 1 件。（图 5-21、图 5-22）

墓砖为长方形，长 24、宽 10.5、厚 4 厘米。

墓内填土为灰褐色粗砂土，土质较疏松，包含青砖残块、石块及植物根系。

未发现人骨和葬具。腰坑内出土小陶罐 1 件。

陶罐

1 件。M14:1，方唇，直口，矮领，球腹，平底略内凹。灰胎硬陶。口径 4.5、腹径 7.8、底径 4.6、高 7 厘米。（图 5-23、图 5-24）

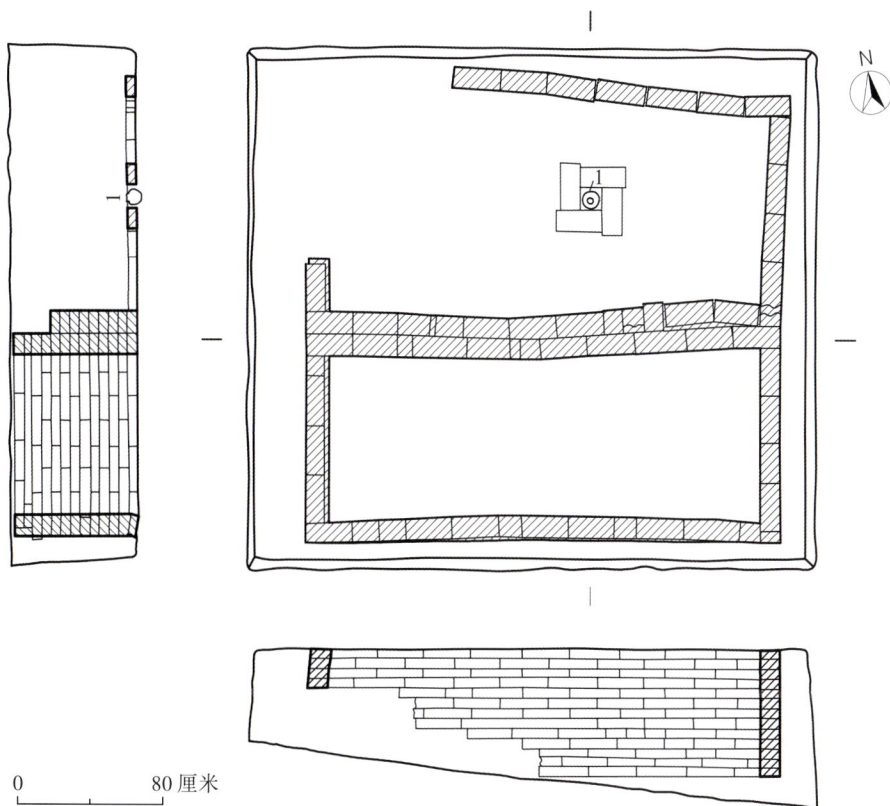

图 5-22　M14 平、剖面图

1. 陶罐

0　　　　　80 厘米

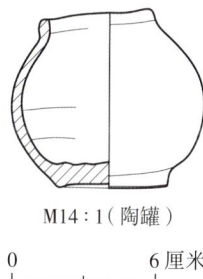

M14∶1（陶罐）

0　　　　　6 厘米

图 5-23　M14 出土器物

M16

位于发掘区西北部，南邻 M15。长方形单室砖室墓，方向 274°。墓口距地表 0~0.3 米。破坏极严重，墓顶、墓壁均无存，仅存东半部分铺地砖。墓圹残长 1.64~2、宽 1.16、残深 0.3 米。墓底铺地砖总残长 1.28~1.6、总残宽 1 米，系用边长 32、厚 4 厘米的方形青砖平铺。（图 5-25、图 5-26）

墓内填土为灰褐色粗砂土，土质较疏松，包含少量残砖及植物根系。

未见人骨、葬具及随葬品。于填土中采集原始瓷盅式碗 1 件。

原始瓷盅式碗

1 件。M16∶01，斜方唇，直口，直腹，下腹内折，饼底略内凹。浅灰胎，胎体较坚致。通体施薄釉，呈青灰色。内底可见旋纹，外底可见线割痕。口径 8.4、底径 5.2、高 3.9 厘米。（图 5-27、图 5-28）

M14∶1（陶罐）

图 5-24　M14 出土器物

图 5-25　M16 清理后

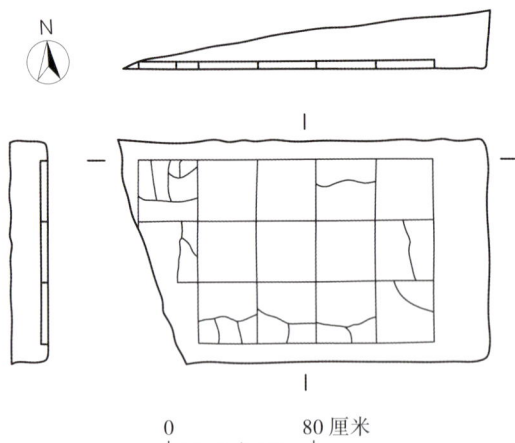

图 5-26　M16 平、剖面图

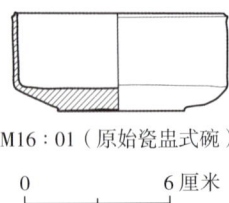

M16：01（原始瓷盅式碗）

图 5-27　M16 填土采集器物

M16：01（原始瓷盅式碗）

图 5-28　M16 填土采集器物

M20

位于发掘区南部，北邻 M11。长方形双室砖室墓，方向 250°。墓口距地表 0.2 米。长方形墓圹长 3.24、宽 2.08、深 0.6~1.16 米。破坏较严重，墓顶无存。左右双室结构，错位并列，北墓室略偏东 0.16 米，分别筑墓壁。南北两室平面均为窄长方形，其中北室外长 2.57、宽 0.82 米，内长 2.27、宽 0.58 米，墓壁残高 0.42 米；南室外长 2.57、宽 0.83 米，内长 2.27、宽 0.53 米，墓壁残高 0.22~0.45

图 5-29　M20 清理前后

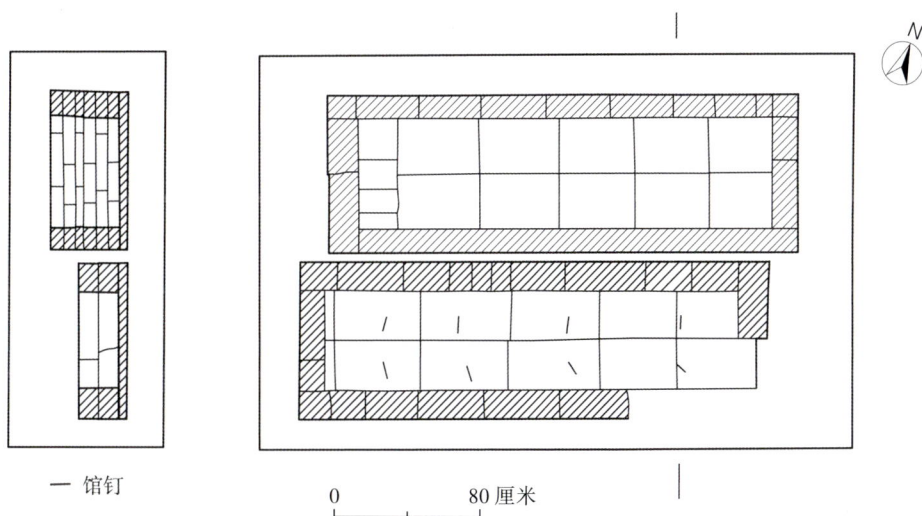

— 馆钉

0　　　80 厘米

图 5-30　M20 平、剖面图

米。墓壁系青砖错缝平砌而成，略倾斜。墓底砖保存较完整，由方形青砖对缝平铺。（图 5-29、图 5-30）

墓砖按形状可分为方形和长方形两种，其中方形砖边长 40、厚 4 厘米，北室长方形砖长 34、宽 19、厚 4 厘米，南室长方形砖长 34、宽 19、厚 6 厘米。方形砖仅用于墓底。墓壁砖短侧面模印"朱府"。

墓内填土均为灰褐色粗砂土，土质疏松，包含少量残砖、石块和植物根茎。

南侧墓室墓底见棺钉 8 枚，分两列，未发现人骨及随葬品。

M27

位于发掘区中部，长方形竖穴土（岩）坑墓，方向 240°。墓口距地表 0.15~0.3 米。破坏严重。墓坑平面呈长方形，东壁倾斜、下部内收，其他三壁近直，近平底，长 2.7、宽 0.9、深 0.2~0.52 米。墓底四角各有一块残砖，头骨下方两片板瓦，可能起铺垫作用。（图 5-31、图 5-32）

墓内填土为灰褐色粗砂土，土质较疏松，包含石块、植物根茎等。

图 5-31　M27 清理后

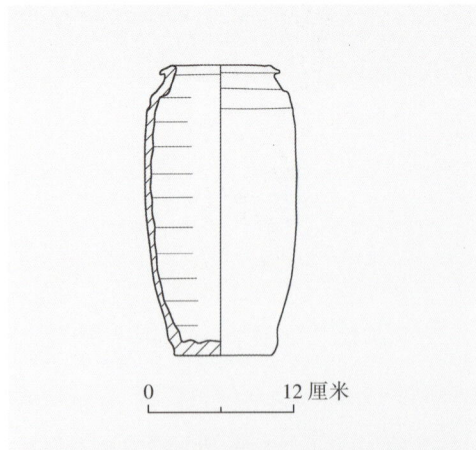

0　　　　　12 厘米

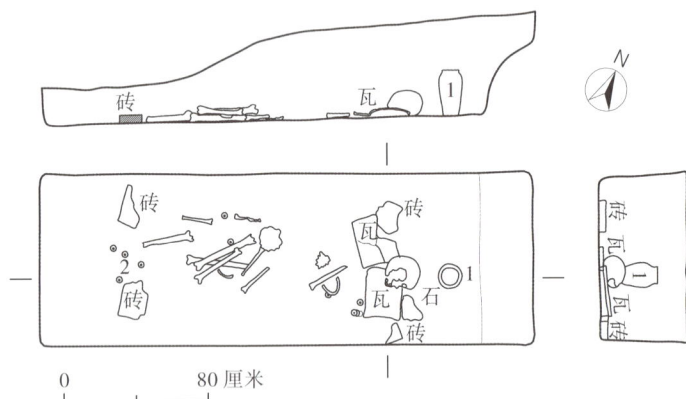

0　　　　　80 厘米

图 5-32　M27 平、剖面图
1.韩瓶　2.铜钱

M27：1（韩瓶）

图 5-33　M27 出土器物

残存人骨 1 具，不完整，头东向。出土韩瓶 1 件，位于头骨顶部；铜钱 27 枚，位于墓底西端。

韩瓶

1 件。M27：1，微敛口，翻沿，短颈，折肩，长腹近直，底部略收，平底。肩部有折棱一条。灰胎，胎体较厚重。腹部局部可见青褐色釉斑。口部可见叠烧痕。口径 7.9、腹径 12.5、底径 8.4、高 23.3 厘米。（图 5-33）

铜钱

27 枚。（图 5-34）

大观通宝　1 枚。对读。直径 2.9、厚 0.2 厘米，穿边长 0.8 厘米。

淳熙元宝　1 枚。旋读。直径 2.9、厚 0.12 厘米，穿边长 0.8 厘米。

崇宁重宝　2 枚。对读。直径 3.3、厚 0.15 厘米，穿边长 0.8 厘米。

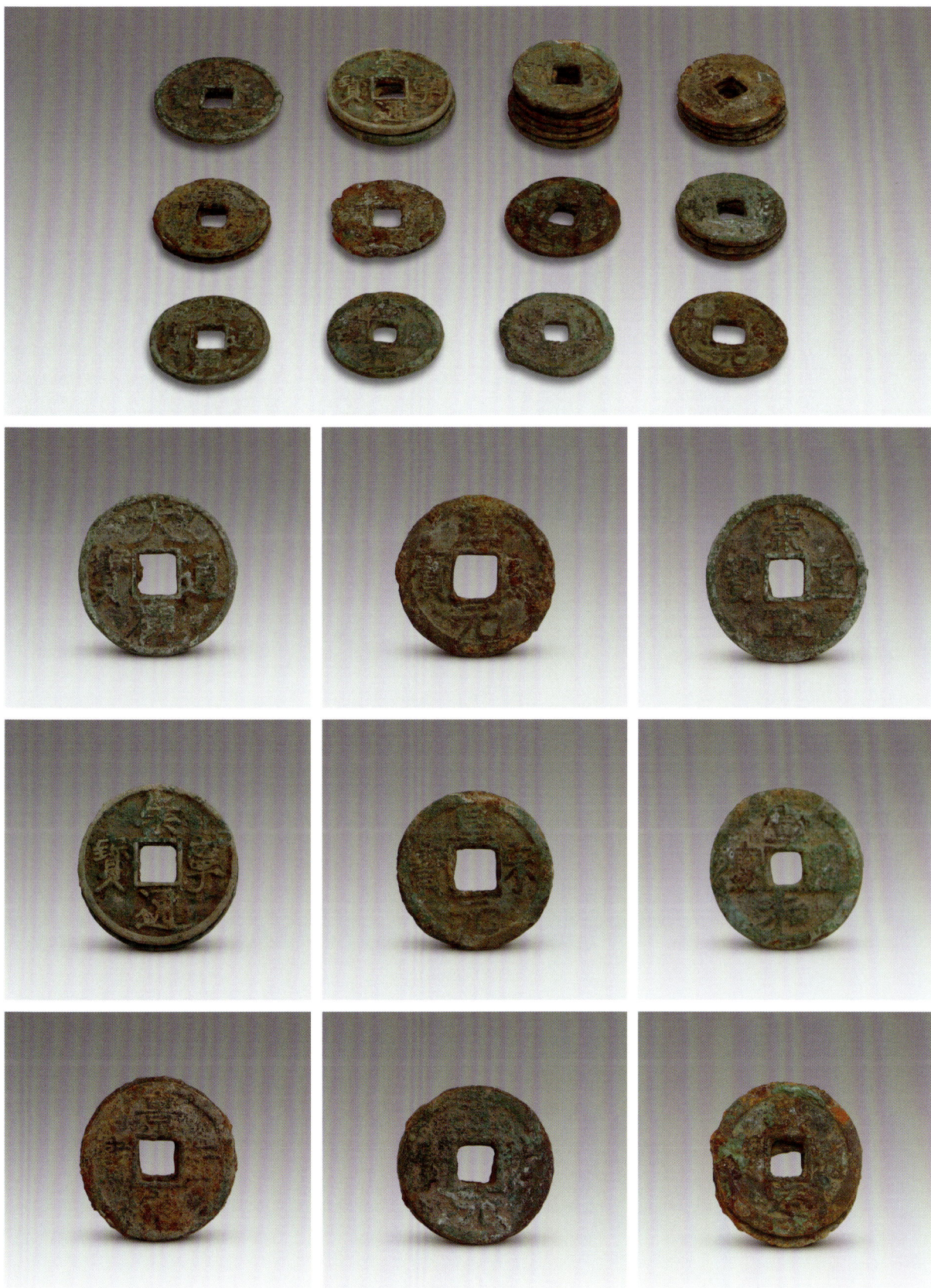

M27：2（铜钱）

图 5-34 M27 出土器物

崇宁通宝　2 枚。旋读。直径 3.4、厚 0.2 厘米，穿边长 0.9 厘米。

皇宋元宝　5 枚。旋读。直径 3.1、厚 0.15 厘米，穿边长 0.7 厘米。

宣和通宝　1 枚。对读。直径 2.9、厚 0.12 厘米，穿边长 0.7 厘米。

淳祐元宝　3 枚。旋读。直径 3.1、厚 0.15 厘米，穿边长 0.8 厘米。

景定通宝　3 枚。对读。直径 3、厚 0.15 厘米，穿边长 0.8 厘米。

景定元宝　2 枚。旋读。直径 2.9、厚 0.15 厘米，穿边长 0.7 厘米。

另有 7 枚铭文模糊。大者 6 枚，直径 2.9、厚 0.1 厘米，穿边长 0.7 厘米；小者 1 枚，直径 2.6、厚 0.1 厘米，穿边长 0.6 厘米。

第二节　墓葬年代

M12 为长方形竖穴土圹砖室墓，其中南、北、东三壁以"三顺一丁"法砌成。西部为封门，错缝平砌而成。墓室东壁开长方形壁龛两个。虽出土有"开元通宝"，但四系瓶形制显示宋代特征，诸暨市南宋庆元六年（1200 年）董康嗣夫妇墓[1]、江苏苏州尹山北宋墓 M15[2] 均出土有类似器物。

M14 为长方形双室砖室墓，北侧墓室无铺地砖，中部设腰坑，坑内有一件小陶罐。这种墓内设腰坑、坑内置陶罐的现象多见于西南地区，如四川资中赵雄墓[3]、南宋虞公著夫妇合葬墓[4] 等，河南的白沙宋墓[5] 也有发现。因此 M14 的年代应为宋代。

M27 为长方形竖穴土（岩）坑墓，墓底四角各有一块残砖，头骨下方有两片板瓦。头骨顶部出土韩瓶 1 件。墓底西端出土铜钱 27 枚，包括大观通宝、崇宁重宝、崇宁通宝、宣和通宝、淳熙元宝、淳祐元宝、皇宋元宝、景定通宝、景定元宝等。其中大观通宝、崇宁重宝、崇宁通宝、宣和通宝为北宋徽宗时期所铸，淳熙元宝为南宋孝宗时期所铸，淳祐元宝、皇宋元宝、景定通宝、景定元宝为南宋理宗时期所铸。年代最晚的景定元（通）宝是南宋理宗赵昀景定年间（1260~1264年）所铸。故 M27 为南宋时期的墓葬，且绝对年代不早于景定元年（1260 年）。

M9、M16 虽然分别在填土中采集了铜钱和原始瓷，但铜钱铭文模糊，原始瓷则显然是战国时期的产品，因而对判断墓葬的年代未能起到有效的作用。从墓葬规模和墓砖规格分析，两墓的年代应为明代。

M7、M8、M10、M11、M20 遭到不同程度的破坏，未见随葬品，有的仅发现几枚棺钉。从墓葬形制和墓砖规格来看，这 5 座墓的年代应为明清时期。

〔1〕浙江省文物考古研究所：《浙江纪年墓与纪年瓷·绍兴卷》，文物出版社，2019 年。

〔2〕苏州市考古研究所：《江苏苏州尹山北宋墓（M15）发掘简报》，《文物》2020 年第 5 期。

〔3〕杨祖垲：《资中宋右丞相赵雄墓记实》，《四川文物》1995 年第 6 期。

〔4〕四川省文物管理委员会、彭山县文化馆：《南宋虞公著夫妇合葬墓》，《考古学报》1985 年第 3 期。

〔5〕宿白：《白沙宋墓》，文物出版社，2002 年。

第六章 结 语

东蜀山墓地占地面积大,墓葬分布相对集中,共发现27座古代墓葬。墓葬朝向山前开阔地带,基本为西向。时代上至战国,下及明清,虽中间有一定缺环,但是总体上看是一处比较单纯的古代平民墓地。该墓地各时期的墓葬交错分布,沿用时间长,时代跨度大,墓葬形制的早晚变化与浙江地区的墓葬形制演变规律相符,为研究战国、汉、六朝及宋明清时期中国南方尤其是江浙地区的丧葬习俗和地方史提供了新线索、新资料。

此外,东蜀山墓地中的汉墓数量较多,发展序列完整,各时期墓葬特征清晰明确,从西汉中期到东汉初期均有代表性墓葬,且出土大量随葬品,为汉代陶瓷器的演变提供了宝贵资料,在丰富浙江地区汉墓内涵的同时,也为细化汉代墓葬的分期提供了可靠资料。

第一节 葬 俗

一 墓主信息

汉墓中,M5出土的一件龟纽铜印章为萧山考古史上首次发现,印文"吴莫如印",应属私印性质;此外M5与相邻的M3具有一定的延续性,二者可能同属于吴氏家族墓地。六朝墓中,发现纪年墓两座,M24为"凸"字形砖室墓,铭文砖模印铭文"咸康八年七月六日奉车都尉张";M22为刀把形砖室墓,铭文砖模印铭文"晋咸安二年",为研究浙江六朝时期墓葬制度、形制变化以及分期细化提供了新资料。明清墓中,M11为长方形双室砖室墓,做法考究,铭文砖模印铭文"朱府",同样的铭文在萧山黄家河墓地也有发现,为研究明代的丧葬习俗和萧山地方史提供了线索。

由于浙江的土壤为酸性红壤,有机质多难以保存,除非有防潮密闭等设施,一般很少有人骨发现。而东蜀山墓地共发现人骨6具,其中3具为汉墓所出、1具为宋墓所出、2具为明清并穴合葬砖室墓所出。

M18为长方形竖穴土(岩)坑墓,人骨位于墓底偏南侧,头东向,仰身直肢,残长1.42米。随葬品15件(组),以陶瓷器为主,除铜镜位于人骨颈部北侧外,其余器物均于人骨北侧呈东西向一字排列。

M5为长方形竖穴土(岩)坑墓,人骨位于墓底偏南侧,残存头骨和上下肢骨,仰身直肢,头朝西,长约1.8米,初步判断为男性。随葬品23件(组),以陶瓷器为主,于人骨北侧呈东西向一字排列。

M23 为长方形竖穴土（岩）坑墓，墓底东部残存人骨 1 具，仅存上半身，头东向。随葬品包括原始瓷壶、陶罐各 1 件，位于墓底西南角。

M27 为长方形竖穴土（岩）坑墓，墓底四角各有一块残砖，头骨下方有两片板瓦，可能起铺垫作用。残存人骨 1 具，不完整，头东向。随葬品包括韩瓶 1 件、铜钱 27 枚，其中韩瓶位于头骨顶部，铜钱位于足端。

M8 为长方形双室券顶砖室墓，南室存人骨 1 具，仰身直肢，残长 1.5 米，为男性；北室存人骨 1 具，仰身直肢，残长 1.4 米，为女性。

以上人骨的发现，为研究葬式、随葬品位置以及古人的体质特征、古 DNA 亲属关系、饮食结构等提供了宝贵材料。

二 墓葬形制

1. 宋墓——腰坑

东蜀山墓地共发现 3 座宋墓，M12 为长方形竖穴土圹砖室墓，墓室东壁开长方形壁龛两个；M14 为长方形双室砖室墓，北侧墓室墓底中部有一个用四块青砖围成的方形腰坑，坑内置一件小陶罐；M27 为长方形竖穴土（岩）坑墓，墓底四角各有一块残砖，头骨下方有两片板瓦，头骨顶部出土一件韩瓶。三座宋墓的形制和葬俗各有特点，反映了浙江宋代墓葬文化的多样性。以下着重就比较特殊的腰坑墓进行分析。

墓内设腰坑的现象在新石器时代就已出现，商周时期普遍流行，坑内多置殉人、殉牲，秦汉时期基本消失。唐宋时期，腰坑墓重新出现，并且在分布上具有一定的地域性，墓葬的级别和腰坑内所置器物也有所变化。关于唐宋腰坑墓，崔世平[1]、任林平[2]等先生曾进行过专门梳理。唐末五代的腰坑墓主要集中于东南地区，且多出现在高等级墓葬中，坑内放置神怪俑，如扬州邗江蔡庄杨吴寻阳公主墓[3]、临安水邱氏墓[4]、杭州三台山吴越墓[5]、福州闽国刘华墓[6]等。宋代的腰坑墓则主要流行于西南地区，河南也有少量发现，在各个阶层的墓葬中广泛使用，以平民墓为主，坑内多放置陶罐、瓷罐、钱币、买地券等，如四川资中赵雄墓[7]和彭山虞公著夫妇合葬墓[8]、贵州遵义杨氏家族墓[9]、湖北秭归庙坪宋墓[10]等。

对于唐代墓葬中出现的腰坑，学界基本达成共识，认为属于道教丧葬仪式的遗存，腰坑中放置的安魂石盒、神怪俑具有安魂镇墓的作用。而对于宋代腰坑的性质，则存在不同的观点。宿白先生认为它反映了当时的风水堪舆思想，是地理家所谓"穴"之所在[11]；雷玉华先生认为是阴阳

---

〔1〕崔世平、李海群：《唐五代墓葬中的腰坑略论》，《江汉考古》2011 年第 1 期。

〔2〕任林平：《唐宋墓葬"腰坑"浅议》，《中国文物报》2011 年 9 月 16 日。

〔3〕扬州博物馆：《江苏邗江蔡庄五代墓清理简报》，《文物》1980 年第 8 期。

〔4〕明堂山考古队：《临安县唐水邱氏墓发掘报告》，浙江省文物考古研究所编《浙江省文物考古所学刊》，文物出版社，1981 年。

〔5〕浙江省文物考古所：《杭州三台山五代墓》，《考古》1984 年第 11 期。

〔6〕福建省博物馆：《五代闽国刘华墓发掘报告》，《文物》1975 年第 1 期。

〔7〕杨祖垲：《资中宋右丞相赵雄墓记实》，《四川文物》1995 年第 6 期。

〔8〕四川省文物管理委员会、彭山县文化馆：《南宋虞公著夫妇合葬墓》，《考古学报》1985 年第 3 期。

〔9〕贵州省文物考古研究所、中国社会科学院考古研究所、遵义市文物局：《贵州遵义市新蒲播州杨氏土司墓地》，《考古》2015 年第 7 期。

〔10〕湖北省文物事业管理局、湖北省三峡工程移民局：《秭归庙坪》，科学出版社，2003 年。

〔11〕宿白：《白沙宋墓》，文物出版社，2002 年。

风水家所称的"生气坑"[1]；崔世平先生则认为是道教葬仪的一种遗存[2]；任林平先生认为其与堪舆风水或道教有一定关联[3]；杨华先生认为腰坑内的陶罐、瓷罐可能多装有酒水之类，大概是当时人们在修筑墓葬时为祭祀而设置的奠基坑，也可能是祭祀土地神或是山神的[4]。

具体到浙江地区，腰坑葬俗主要流行于五代十国时期的上层贵族中，如南唐先主李昪钦陵、南唐中主李璟顺陵以及浙江临安水邱氏墓、杭州三台山五代墓、临安太庙山五代墓均发现有腰坑现象，到了宋代却少有发现。因此，东蜀山宋墓 M14 作为一座平民墓，其腰坑墓的性质是五代十国传统的继承，还是西南地区道教或者风水堪舆思想影响的结果，有必要进一步探讨。但无论如何，该宋代腰坑墓的发现丰富了浙江宋墓的形制，为探索宋代道教和堪舆思想的传播以及区域间的交流提供了线索。

2. 明清墓——错位并列双室砖室墓

7 座明清墓中，除 M10、M16 为单室砖室墓，余皆为双室砖室墓，其中仅 M11 的左右两室完全并列，M7、M8、M9、M20 均出现不同程度的错位。根据 M8 人骨鉴定的结果，较高一室的墓主为男性，偏低一室的墓主为女性。这种现象或反映了当时男尊女卑思想的影响。

三 随葬品

1. 位置

所出主要为汉墓遗物。随葬品数量多、组合完整的墓葬主要有 M18、M3、M5、M17、M13，随葬品 10~20 余件不等，陶瓷器多位于墓底一侧呈"一"字形排列，陶灶位于尾端，环首刀、铜镜、带钩、印章多位于墓主身旁。其中 M18 人骨保存较完好，铜镜位于人骨颈部。M3 也出土有铜镜，人骨虽无存，但对照 M18 可判断大概处于相同位置。M5 的铜镜则位于墓底中部偏北。随葬品较少的墓葬则不遵循以上规律，如 M23 仅两件随葬品，原始瓷壶和陶罐位于墓尾一角；M2、M25 的随葬品位于墓底中部，与人骨位置重合，可能原本置于棺上。

2. 特殊器物

龟纽印

汉武帝时期起，在官印纽制上已有严格要求，县官以上才有资格使用龟纽印章。私印虽不像官印那样受到严格限制，但龟纽使用者的身份也大多非富即贵。《淮南子·说林训》就曾提到："龟纽之玺，贵者以为佩。"

以往考古发现江浙一带出土龟纽印的汉墓主要集中在江苏地区。如扬州西汉"妾莫书"木椁墓出土的"妾莫书"龟纽银印[5]、徐州琵琶山二号汉墓出土的"卫武私印"龟纽铜印[6]、连云

---

〔1〕雷玉华：《唐宋丧期考——兼论风水术对唐宋时期丧葬习俗的影响》，《四川文物》1999 年第 3 期。

〔2〕崔世平、李海群：《唐五代墓葬中的腰坑略论》，《江汉考古》2011 年第 1 期。

〔3〕任林平：《唐宋墓葬"腰坑"浅议》，《中国文物报》2011 年 9 月 16 日。

〔4〕杨华：《长江三峡地区古代腰坑葬俗的考古研究》，《三峡大学学报（人文社会科学版）》2005 年第 1 期。

〔5〕扬州市博物馆：《扬州西汉"妾莫书"木椁墓》，《文物》1980 年第 12 期。

〔6〕耿建军：《徐州琵琶山二号汉墓发掘简报》，《东南文化》1993 年第 1 期。

港海州西汉墓 M1 出土的"凌氏惠平"龟纽铜印[1]、扬州西陈庄西汉许横墓出土的"许都尉印"龟纽铜印[2]、扬州小杨庄西汉墓葬 M28 出土的"姜亲"龟纽铜印[3]等。按材质可分为青铜和银质，按性质可分为官印、姓名印、臣妾印等。东蜀山汉墓 M5 出土的"吴莫如印"龟纽铜印章系萧山考古史上首次发现，属私印性质，为浙江地区汉代玺印的研究提供了宝贵资料。

环首刀

随葬环首刀不仅反映了越人的尚武传统，而且一定程度上也可用作区分墓主性别的标志物。

M5 墓底偏南侧存人骨 1 具，仰身直肢，头朝西，长约 1.8 米，初步判断为男性，其环首刀位于人骨南侧的腹部位置。M25 的人骨已无存，环首刀与其他陶瓷类随葬品位于墓底中部，原本应摆放于棺上，推测墓葬主人亦为男性。

蒜头壶

M17 出土的壶形制多样，其中两件原始瓷敞口小壶和一件原始瓷蒜头壶较为特殊，仅发现于该墓葬。蒜头壶作为秦文化的代表器物之一，汉中期以后逐渐被长颈壶所取代，是判定秦人墓葬以及秦汉墓葬分期的一个重要依据，同时也是文化传播和交流的见证[4]。蒜头壶在浙江并不多见，金华马铺岭东汉早期墓曾出土过一件[5]，形制大体与东蜀山 M17 所出相同，区别在于无釉。出土蒜头壶的马铺岭 M1，墓底四周垫有黄色白膏泥，此处还出土了樽、博山炉、釜、镣斗等 9 件铜器，其中铜鋗、铜樽、铜甑等与湖南长沙汤家岭西汉墓[6]所出的相似；铜釜与广西合浦西汉木椁墓[7]出土的釜相似。蒜头壶是秦文化的典型器物，青膏泥则是楚文化的标志。东蜀山 M17 未发现青膏泥设施，出土的原始瓷蒜头壶年代也偏晚（新莽至东汉初）。该蒜头壶的器形有别于本地传统，但从质地看又是本地产品，因而很可能是外来文化影响下的产物。

新莽时期的鼎、盒

根据以往认识，在浙江地区墓葬中，鼎、盒在西汉晚期已退化并渐趋消失，壶、瓿、罐成为基本组合；新莽至东汉早期，壶、罐、罍成为基本组合。从出土的"大泉五十"来看，M17 的年代应不早于新莽时期，但其随葬品却保持了鼎、盒、壶、瓿、罍、罐这一完整组合，鼎、盒仍成对出现，并且还出土了当地少见的蒜头壶和敞口小壶。这一发现突破了以往鼎、盒消失于西汉晚期的认识。此外，M17 出土的鼎、盒质地为红陶，与前期相比器形变化不大，但烧造方式却由单件裸烧变成多件叠烧，为研究两汉之际浙江地区的陶瓷器装烧工艺提供了新的材料。

早期原始瓷

发现战国原始瓷的墓葬有 M18、M3 和 M16。其中明清墓 M16 的原始瓷盅式碗为填土中发现，可能是打破了早期墓葬。而 M18 和 M3 的则是墓底出土，是一个较为特殊的现象。M18 出土的战国原始瓷为盅式碗 1 件（M18：5）。M3 出土的战国原始瓷有 4 件，包括盅式碗 2 件（M3：1、

〔1〕连云港市博物馆：《江苏连云港海州西汉墓发掘简报》，《文物》2012 年第 3 期。

〔2〕江苏扬州市文物考古研究所：《江苏扬州西陈庄西汉许横墓发掘简报》，《南方文物》2019 年第 5 期。

〔3〕扬州市文物考古研究所：《江苏扬州市小杨庄西汉墓葬 M28 的发掘》，《考古》2021 年第 4 期。

〔4〕李陈奇：《蒜头壶考略》，《文物》1985 年第 4 期。

〔5〕金华地区文管会：《浙江省金华马铺岭汉墓》，《考古》1982 年第 3 期。

〔6〕湖南省博物馆：《长沙汤家岭西汉墓清理报告》，《考古》1966 年第 4 期。

〔7〕广西壮族自治区文物考古写作小组：《广西合浦西汉木椁墓》，《考古》1972 年第 5 期。

M3：20，其中 M3：20 为碗底）、敛口深腹碗 1 件（M3：29）、子口盒 1 件（M3：3）。以往余杭义桥、七里亭以及萧山溪头黄等汉墓也有个别墓葬出土早期原始瓷器的情况。这些出土于汉墓中的早期原始瓷器形以碗为主，数量不等，多与其他随葬品一起置于墓底，其功能和此现象产生的原因有必要做进一步探讨。

其他

9 座墓葬中仅 M2 出土有贝类（M2：5）。M2 为一座新莽前后的墓葬，长 2.92、宽 1.36、深 0.14~0.42 米，规模较小，修建较粗糙。随葬品较少，主要分布于墓底东北部，包括原始瓷壶 2 件、陶钱 1 枚、五铢铜钱 2 枚、海蚶壳 9 枚。海蚶壳分大中小三类，其中大者 6 枚、中者 1 枚、小者 2 枚。斜卵圆形，坚厚，色白。两壳合抱，极膨胀，壳顶凸出并向内弯曲，稍超过韧带面，韧带呈梭形，背部两侧略呈钝角。壳面呈扇形，上有瓦隆状突起。韧带面有三四重菱纹。大者长约 5.5 厘米，中者长约 4.5 厘米，小者长约 3.5 厘米。与同期的 M13 相比，无论是墓葬规模还是随葬品数量，M2 都明显逊色。如果说墓葬规模和随葬品数量可以一定程度上反映墓主财富水平的话，M2 这样一个略显简陋的墓葬出土的贝类器物，很可能起着充当财富的作用。而同样出土贝类的汉墓绍兴南山 M1 则有较为丰富的随葬品[1]。南山 M1 为平面近方形的竖穴土坑墓，墓室长 3.9、宽 3.6 米。该墓随葬品以原始瓷为主，有壶 8 件、瓿 1 件、罐 10 件，另有泥质灰陶灶 1 件、铁剑 1 件、残铜盆 1 件、铜钱数枚。贝类发现于一件原始瓷罐中，发掘者推测其与当时的饮食有关。因此，浙江汉墓出土的贝类究竟是充当财富的象征还是仅为单纯的食物，尚需更多的材料和进一步探讨。

M17 除了随葬典型的鼎、盒、壶、瓿、罐等陶瓷器组合外，还随葬陶瓦和石镞，也是一个比较特殊的现象。

第二节　墓地性质

东蜀山墓地发现的墓葬有土（岩）坑墓和砖室墓之分，土（岩）坑墓中规模最大的长不过 4 米、宽不过 3 米；砖室墓普遍规模不大，均属中小型墓葬，且以小型墓葬为多。墓地出土了大量的遗物，种类多，类型丰富，但均为各时期常见的器物，未见漆木器、金银器等，从侧面反映了墓主人的身份和地位。虽然史载汉代的浙江"地广人稀，饭稻羹鱼"，"无冻饿之人，亦无千金之家"[2]，但东蜀山墓地的墓葬规格和随葬品的种类、多寡确实在一定程度上反映了实际存在的贫富差距。如 M5 出土遗物达到 23 件（组），不仅有完整的鼎、盒、壶、瓿、罍、罐等陶瓷器组合，还发现了铜镜、铜带钩、铜印章、铁环首刀、铜钱等，而 M23 仅见原始瓷壶和陶罐各 1 件。

综合墓葬形制规模、随葬品数量和质量等多方面因素，初步认定该墓地是一处古代平民墓地，汉代是这里人类活动最为频繁的时期。

---

〔1〕浙江省文物考古研究所、绍兴县文物保护管理所：《绍兴平水会稽村汉六朝墓发掘简报》，浙江省文物考古研究所编著《浙江汉六朝墓报告集》，科学出版社，2012 年。
〔2〕司马迁：《史记·货殖列传》，中华书局，1982 年。

附表一 东蜀山土（岩）坑墓登记表

墓号	时代	墓向	墓葬形制	口长	口宽	底长	底宽	（残）深	陶器	金属器	其他	人骨	打破关系
M2	新莽至东汉初	258°	长方形	2.92	1.36	2.92	1.3	0.14~0.42	未分式双口壶，V式敛口壶，陶钱		IV式五铢，海蛳壳		打破M3，被M1打破
M3	西汉中期偏晚	265°	长方形	3.7	2.8~3	3.5	2.65~2.85	1.16~1.6	II式鼎，II式盒，II式敛口壶，I式瓿，未分式罍，I式罐，Aa I式罐，Ab型罐，Ac II式罐，Ad型罐，Ae型罐，器盖，陶钱，战国原始瓷碗，盒	草叶纹铜镜	半两，II式五铢		被M2打破
M5	西汉晚期偏早	266°	长方形	3.9	2.7	3.66	2.5	1~1.8	III式鼎，IV式盒，IV式敛口壶，I式盘，口壶，III式瓿，Aa III式罐，Ac II式罐，瓿，III式罍，麟趾金，陶钱	铜镜，铜印章，铜带钩，铁环首刀	半两，III式五铢	人骨1具，仰身直肢，长1.8米	
M13	新莽至东汉初	268°	长方形	3.7	2.2	3.3	1.7~1.8	1.3~1.45	III式盘口壶，III式瓿，Ba II式罐，Bb I式罐，灶，陶钱		IV式五铢		被M12打破
M17	新莽至东汉初	265°	长方形	3.16	1.88	3.04	1.7	0.9~1.2	V式鼎，V式盒，直口壶，蒜头壶，敛口小壶，II式盘口瓶，III式罐，Aa IV式罐，Ba I式罐，Ac II式罐，Bb I式罐，陶瓦		V式五铢，大泉五十，石镦		
M18	西汉中期偏早	268°	长方形	3	1.5	3	1.5	0.41~0.62	I式鼎，I式盒，未分式壶，I式敛口壶，I式瓿，I式罍，未分式罐，Aa II式罐，战国原始瓷碗	蟠螭纹铜镜，连弧纹铜镜	半两，I式五铢	人骨1具，仰身直肢，残长1.42米	
M19	西汉晚期偏晚	253°	长方形	残长1.26~1.36	1.8	残长1.3	1.7	1.4	IV式鼎，IV式盒，未分式瓿，Aa IV式罐，Ac II式罐，灶				被M1打破
M23	西汉晚期	266°	长方形	2.92	1.12~1.34	2.92	1.12~1.34	0.15~1	未分式壶，Ac I式罐			人骨1具，仅存上半身	打破M26
M25	西汉晚期偏早	280°	长方形	2.74	1.24	2.66	1.16	0.04~0.3	未分式壶，III式敛口壶，II式瓿，未分式罐，Ac II式罐，C型罐	铁环首刀			被M24打破并叠压
M26	战国	300°	长方形	2.3	1.1	2.2	1	0.3~0.4	原始瓷碗，陶盆，印纹硬陶罐，印纹硬陶坛	印		肢骨2根	被M23打破
M27	南宋	240°	长方形	2.7	0.9	2.7	0.9	0.2~0.52	韩瓶		大观通宝，淳熙元宝等	人骨1具	

附表二　东蜀山砖室墓墓登记表

墓号	时代	墓向	墓葬形制	甬道（米）			墓室（米）			砌筑方式			墓砖规格（厘米）	随葬品		备注	打破关系
				长	宽	高	长	宽	高	封门砖	墓壁砖	底砖		陶瓷器	其他		
M1	两晋	250°	"凸"字形券顶砖室墓	残长1.72	1.16	残高0.06~0.84	5.6	2.14	1.4		三顺一丁	席纹、"人"字形	39×18×6，39×18×(3~6)			排水道位于甬道西部，残长1.84，上宽0.4，下宽0.48，高0.24米	打破M2、M19
M4	三国	260°	"凸"字形券顶砖室墓	残长1.2	残宽1.1	残高0.2	4.26	1.87	残高0.2		错缝平砌	"人"字形	36×17×4			填土中发现五铢铜钱5枚及瓷盆残片若干	
M6	东晋南朝	256°	前端被毁，形制不明				残长6.4	1.76~2	残高0.6~1.24		三顺一丁	一顺一丁	38×18×6				
M7北	明	256°	长方形双室砖室墓				2.56	1.08	0.35~0.46		错缝平砌	平铺	39×19×6，46×46×6			北侧墓室较南侧墓室偏西0.4米	
M7南		256°					2.6	1.1	0.15~0.42		错缝平砌	平铺	39×19×6，46×46×6			南侧墓室西侧设排水沟，长1.28米	
M8北	明	226°	长方形双室砖室墓				2.48	0.8	0.48~0.74		错缝平砌	错缝平砌	29×12.5×6，48.5×48.5×6			人骨1具，女，仰身直肢，残长1.4米；北墓室较南墓室偏西0.11米	
M8南							2.48	0.92	0.56~0.74		错缝平砌	错缝平砌	29×12.5×6，48.5×48.5×6			人骨1具，男，仰身直肢，残长1.5米；壁砖侧面有"水和"字样	
M9北	明	252°	长方形砖室墓				2.24	0.36~0.47	0.48~0.63		错缝平砌	平铺	29×12.5×6，48.5×48.5×6		填土采集铜钱6枚	北侧墓室较南侧墓室偏东0.32米	
M9南							2.11	0.47	0.48~0.56		错缝平砌	平铺	29×12.5×6，48.5×48.5×6				
M10	明	256°	窄长方形单室砖室墓				2.3	0.46~0.58	0.42~0.68		错缝平砌	平铺	34×19×6，34×34×6			墓底中部有一方形腰坑，边长34厘米	
M11北	明		长方形双室砖室墓				2.24	0.7	0.88		二顺一丁，错缝平砌	对缝平铺	34×19×7，40×40×6，34×19×(5.5~7)			楔形砖侧面模印"朱府"，墓东部见残碎头骨	
M11南		260°					2.36	0.8	0.88		二顺一丁，错缝叠砌	对缝平铺	34×19×7，40×40×6，34×19×(5.5~7)			楔形砖侧面模印"朱府"	

续附表二

墓号	时代	墓向	墓葬形制	甬道（米）长	甬道宽	甬道高	墓室（米）长	墓室宽	墓室高	砌筑方式 封门砖	墓壁砖	底砖	墓砖规格（厘米）	随葬品 陶瓷器	其他	备注	打破关系
M12	宋	234°	长方形单室砖室墓				2.74	0.81	0.3~0.86	错缝平砌	三顺一丁	"人"字形	30×16×6	四系瓶2件	铜钱9枚		打破M13
M14北	宋	280°	长方形双室砖室墓				2.34	1~1.2	0.04~0.46		错缝平砌		24×10.5×4	陶罐1件		墓底中部有一方形腰坑，边长34厘米	
M14南			长方形双室砖室墓				2.34	0.88~0.96	0.2~0.64		错缝平砌		24×10.5×4				
M15	东晋南朝	300°	长方形砖室墓				5.4	2.44	残高0.4~0.6				31.5×14.5×4.5		填土采集铜钱9枚、石锛1件		
M16	明	274°	长方形单室砖室墓				残长1.28~1.6	残宽1	0.04		不详	方砖平铺	32×32×4			残损严重，仅存东半部铺地砖	
M20北	明	250°	长方形双室砖室墓				2.27	0.58	0.42		错缝平砌	方砖对缝平铺	34×19×4，40×40×4			北墓室较南墓室偏东0.16米，墓壁砖短侧面模印"未府"	
M20南			长方形双室砖室墓				2.27	0.53	0.22~0.45		错缝平砌	方砖对缝平铺	34×19×6，40×40×4			墓壁砖短侧面模印"未府"	
M21	六朝	263°	长方形砖室墓				3.7	0.7	残高0.1~0.46		四顺一丁	"人"字形	(32~38)×16×5		填土采集盘口壶口部1件		
M22	东晋	272°	刀把形券顶砖室墓	1.05	0.98	残高0.54	3.48	1.65	残高1.52~1.89		三顺一丁	"人"字形	36×12×(5~6)	青釉点彩小碗1件	甬道南侧出土铜钱2枚，墓室中部偏南出土铜钱1枚	铭文砖"晋咸二年""咸安八月廿日造功"	
M24	东晋	253°	"凸"字形券顶砖室墓	1.67	0.79	残高0.38	4.2	1.8	残高0.97~1.26		多顺一丁	席纹	28×12×4，34×34×5	青瓷碗1件		铭文砖"咸康八年七月六日奉车都尉张"	打破M25

后　记

萧山区的考古前置审批工作始于 2013 年（萧政办发〔2012〕175 号），中间历经曲折，2018 年再次得以重视（萧政发〔2018〕9 号）。考古前置工作的推行极大地保障了地下文物的安全，也能更多地保留萧山的历史文化信息。东蜀山墓地的发掘正是得益于考古前置工作的推行。

田野考古发掘工作是文物保护的重要一环，其遵循科学的考古方法，尽可能提取历史信息，详细记录发掘过程，而室内整理工作则是田野工作的延续和深入思考的过程。故虽然面临越来越多田野考古任务的压力，杭州市文物考古研究所和杭州市萧山区博物馆的领导仍毅然抽出力量，依托萧山工作站，及时对东蜀山墓地发掘材料进行了整理。复旦大学文物与博物馆学系亦派出研究生队伍给予大力支持。期间工作虽因新冠疫情的影响一度中止，终如期完成。

感谢杭州市萧山区文物局陆敏书记、陆佳伟局长的关心和支持。感谢复旦大学郑建明教授的悉心指导，感谢复旦大学研究生郝雪琳、罗丹等同学的专业付出。感谢复旦大学出土文献与古文字研究中心张传官副研究员对铜印和铭文砖铭文的专业释读。杭州市文物考古研究所副所长杨金东副研究员对报告的编写提出了许多宝贵意见，文物出版社的编辑王嫒女士为报告的校勘付出了莫大心血，在此一并致谢。

本报告尝试采用图文混编的方式，以期让读者更清晰地了解发掘过程，分享考古成果。报告虽前后编写一年有余，然错漏遗憾在所难免，敬请方家批评指正。

崔太金

2021 年 8 月